La dérive monarchique et klepto-autocratique en Afrique

Dieudonné Zélé

La dérive monarchique et klepto-autocratique en Afrique

Essai

ISBN : 979-10-377-4971-0

Le 14 décembre 2020, lors de sa de prestation de serment pour un troisième mandat controversé à la tête de la Côte d'Ivoire, le président Alassane Dramane Ouattara (ADO) a gratifié son invité, le président Denis Sassou Nguesso, l'inamovible président de la République du Congo-Brazzaville, du titre d'empereur. Le président Ouattara s'est dépêché de préciser qu'il n'employait ce titre qu'à titre affectueux. Il se trouve que, tout comme monsieur Jourdain faisait de la prose sans qu'il n'en sût rien dans *Le bourgeois gentilhomme* de Molière, le qualificatif impérial dont président Ouattara affublait son hôte dévoilait, à son corps défendant, peut-être, en toute connaissance de cause, qui sait, une vérité profonde. Tous les chefs d'État africains, à quelques rares exceptions près, comme Nelson Mandela ou Léopold Sédar Senghor, ont des velléités monarchiques. Ces élus du peuple se voient ou se rêvent en rois, en empereurs c'est-à-dire en monarques ! Cette propension aristocratique semble inscrite au plus profond de la pensée africaine. La démocratie au sens de gouvernement du peuple, par le peuple et pour le peuple est, en effet, une notion absente dans le fonctionnement de l'univers mental de l'Afrique traditionnel. Nous n'hésitons pas à dire et à clamer haut et fort que la démocratie est un apport colonial et on voit combien les gouvernements africains ont du mal avec elle.

Alors qu'au début du VIe siècle avant Jésus-Christ, Solon (640-560 avant J.-C.) jetait les fondations de ce qu'il est convenu de nommer la démocratie athénienne, qui allait servir de modèle à la démocratie occidentale, et qu'en 1215, les Anglais imposaient la Magna Carta à Jean Sans Terre (*John Lackland*) frère du bouillant Richard Cœur de Lion (*Richard The Lion heart*) source sacrée de leur liberté individuelle. Nous n'avons pas connaissance de quelque chose d'approchant dans l'histoire du continent africain dominé par de grands empires, symbolisé par les dynasties des pharaons égyptiens et nubiens, et divisé en une kyrielle de petits royaumes et des chefferies dont la plupart existent encore aujourd'hui. À notre connaissance, aucune de ces structures n'a développé un mode de gouvernement proche de la démocratie. Nous en payons le prix aujourd'hui.

Empires et royaumes de l'Afrique précoloniale

La liste que nous fournissons ci-après ne saurait être exhaustive. Nos lecteurs savent aussi que la classification des périodes historiques qui nous sont familières quand il s'agit du monde occidental ne saurait s'appliquer telle quelle à l'histoire de l'Afrique. Nous verrons dans la suite de notre travail que les termes tels que : rois, empires ou capitales ne recouvrent pas les mêmes réalités qu'en Occident. Nous avons déjà rencontré cette réalité dans notre ouvrage *Les fondements de la pensée africaine : causes du sous-développement*, paru aux éditions Saint-Honoré en 2020. Nous nous appuyons, néanmoins, dans notre travail, sur la classification des périodes historiques retenue par l'histoire telle qu'elle est enseignée dans les universités en Occident, par commodité pour nous repérer dans le temps. Toute autre classification sèmerait la confusion rendrait la compréhension de notre livre impossible.

C'est ainsi que nous disons, par exemple, que l'Égypte des pharaons et le royaume d'Aksoum, fondateur de l'Éthiopie, appartiennent à la période qu'il est convenu d'appeler l'Antiquité. De la même façon, nous situons l'empire du Ghana dans l'Antiquité tardive tandis que celui de Gao est contemporain du Moyen-Âge, le royaume des Songhaïs est contemporain de la Renaissance tandis que le royaume de Lounda est contemporain de la période moderne précoloniale. De nombreux types d'États : monarchies ou aires d'influence, ont existé en Afrique avant l'arrivée de la colonisation et le partage du continent entre les puissances occidentales à la conférence de Berlin en 1885. Aussi dénommée conférence de l'Afrique de l'Ouest et tenue à l'initiative du chancelier Bismarck, elle a commencé le 15 novembre 1884 et a duré jusqu'au 26 février 1885. Aucun Africain n'avait été invité. C'était une affaire de blancs qui se partageaient tout un continent à leur guise étendant leur domination sur des peuples entiers qui n'avaient pas leur mot à dire.

Ayant posé ces préalables, dressons un rapide panorama de l'histoire et de l'évolution de l'Afrique précoloniale. Ceux de nos lecteurs qui souhaitent en savoir plus n'auront aucune peine à trouver plus de détails sur Wikipédia : liste des civilisations de l'Afrique précoloniale.

- Civilisations de l'âge de fer : Égypte, Afrique du Nord ;
- Pays du Pount et du D'mt : Corne de l'Afrique ;
- Royaume d'Aksoum prolongé par l'empire éthiopien du XIIIe au XXe siècle ;
- Califats islamiques médiévaux du VIIIe au XIIIe siècle : Afrique du Nord et Corne de l'Afrique
- Royaumes du Sahel comme sultanat du Darfour ;
- Les monarchies du XVe au XIXe siècle :

- Sultanats islamiques du Soudan et de la Corne d'Afrique ;

- Royaumes d'Afrique de l'Ouest ou royaumes du Sahel comme ceux du Ghana, du Songhaï, de Gao, d'Abomey, du Kanem, de Kong, d'Adamaoua ou de Bam ;

- Royaumes d'Afrique centrale et d'Afrique Australe comme ceux du Kongo, du Kitara, du Bouganda, de Lounda, du Monomotapa (Moutapa), royaumes zoulous, Sotho ou Swazi.

Les histoires des anciens royaumes et empires africains constituent de nos jours un enjeu majeur pour les peuples d'Afrique. Elles servent, bien souvent, de bases pour justifier des comportements nationalistes violents teintés de racisme. Elles servent aussi de points d'appui pour contrebalancer les effets du colonialisme puisqu'il subsiste dans l'esprit d'une majorité d'Européens la conviction que l'Afrique n'existait pas avant l'arrivée des blancs. Victor Hugo a ainsi écrit : « Que serait l'Afrique sans les blancs ? Rien ; un bloc de sable ; la nuit ; la paralysie ; des paysages lunaires. L'Afrique n'existe que parce que l'homme blanc l'a touchée. [...] »[1]

Poursuivant cette incroyable saillie du grand poète, on a du mal à accepter que le Grand Zimbabwe, par exemple est l'œuvre de noirs. Certains auteurs le rattachent au roi Salomon ou aux Phéniciens. La première histoire du Monomotapa (*Mwene Mutapa ; Munhumutapa*, *ou Mutapa, l'autre nom de l'empire du Grand Zimbabwe 1450-1629*) écrite en 1896 par A. Wilmot comporte trois chapitres ayant pour titres : « Les Phéniciens », « les Arabes », « les Portugais » signifiant, de cette manière que toute civilisation trouvée en Afrique, ne peut qu'être exogène. Victor Hugo a fait de gros dégâts en passant sous silence le fait que l'empire du Ghana, capitale Koumbi (IIIe au XIIIe siècle), contemporain de l'empire de Charlemagne était plus vaste que ce dernier.

Des pays modernes Ghana, Mali, Bénin, Zimbabwe ont pris les noms des anciens empires sans en avoir les frontières historiques. Certains Maliens

---

[1] Discours sur l'Afrique : 18 mai 1879.

caressent le rêve d'un « Grand Mali » débarrassé des « races » étrangères. Ils vont jusqu'à affirmer que ce sont des expéditions maliennes qui ont découvert l'Amérique désignant pour preuves certains traits des civilisations amérindiennes. Nous en avons froid dans le dos. Le rêve de reconstitution de « Grand Mali » porte en lui le cauchemar d'une violente et potentiellement sanglante purification ethnique ! Des Soninkés ou des Malinkés, de leur côté, n'ont qu'une idée en tête, se venger des Berbères ou des Marocains.

L'exercice du pouvoir dans ces entités

Les évènements qui se sont déroulés le 6 janvier 2021 sur le Constitution Hill et qui ont vu des manifestants envahir le Capitole, le cœur de la démocratie américaine, alors que le Congrès tenait session pour confirmer la victoire de Joe Biden aux élections de 2020, nous rappellent, opportunément, que les États-Unis d'Amérique n'ont pas connu d'autre régime que la démocratie. Elle est à la base de toutes leurs institutions. Nous l'avons dit au début de notre analyse, la démocratie est loin d'être le régime le plus répandu dans l'histoire du continent africain. La Russie n'a pas, non plus, une tradition démocratique dans le fonctionnement de ses institutions. Le régime autocratique des Tsars ayant été suivi par le régime, tout aussi autocratique, brutal et dictatorial des soviets, ce que continue d'être, aujourd'hui, la poigne de fer de Vladimir Poutine. Comme les pays africains, la Russie ne parvient pas à se couler dans le costume de la démocratie. Le président Poutine vient de se confectionner une constitution qui lui permet de conserver le pouvoir jusqu'en 2036, un vrai règne, à moins que la nature n'en décide autrement. Il est, de facto, président à vie, comme François Duvalier l'était en Haïti. On n'a pas encore trouvé l'élixir de l'immortalité. L'empire du Milieu, la puissante Chine a une histoire parallèle à celle de la Russie. Le parti communiste chinois dirige le pays d'une main de fer. Le président Xi Ji Ping est, lui aussi, désormais président à vie. Les rares velléités d'émancipation sont, brutalement, écrasées dans le sang. Personne n'a oublié le massacre des étudiants sur la place *Tiananmen* de Pékin, le 4 juin 1989, tandis que sous nos yeux se déroule la mise au pas des défenseurs de la démocratie de Hong Kong. L'énigmatique disparition, depuis le 24 octobre 2020, de Jack Ma, le milliardaire chinois, fondateur du site Ali Baba, après une violente diatribe contre le gouvernement chinois, vient s'ajouter à celle de Xiao Jiunhua, enlevé en 2017 par des agents de sécurité chinoise dans un luxueux hôtel de Hong Kong, le *Four Seasons Hotel*, pour rappeler des pratiques plus que courantes dans les pays d'Afrique. Là-bas, comme ici, la liberté de paroles et les critiques envers les dirigeants ou le gouvernement constituent d'authentiques crimes de lèse-majesté, comme c'est le cas en Thaïlande, envers le roi. Quels rapports avec le continent africain ? nous demandera-t-on. Le rapport est, comme nous l'allons voir, la confiscation du pouvoir au profit d'une personne, d'une famille ou d'un parti. Le continent africain n'est pas seule victime de ce fléau. À la différence du bon sens, la démocratie n'est pas la chose la mieux partagée au monde. Ce n'est pas une raison pour baisser les bras et s'incliner devant le fait accompli. Les êtres humains étant partout les mêmes, il n'est pas étonnant de rencontrer les mêmes tares et les mêmes déviations dans le monde entier. Il n'y a rien sous le soleil. Le président Donald Trump, à la tête de la plus grande démocratie du monde, a offert à la planète entière le pathétique spectacle de son ego surdimensionné duquel le concept de défaite est absent. Il s'est accroché au pouvoir de toute la force de ses ongles comme un chef d'État de pays sous-développé. On dit que dans ces pays, les élections passent, les présidents restent. Rien de nouveau sous le soleil donc.

Question de vocabulaire

Nous avons parlé et nous allons parler de royaumes, d'empires de capitales autant de notions qui ont des contenus bien précis pour nous. Mais, que l'on nous permette de nous répéter. Les mots familiers que nous avons cités ne recouvrent pas du tout les mêmes réalités quand il s'agit du continent africain. En Afrique le roi, même entouré d'une cour avec toutes sortes de marques de déférence, peut être assimilé à un chef de famille, de clan ou de village. Il gère les biens, prend les décisions mais après avis du conseil des anciens. Nous avons eu l'honneur de traduire un livre qui présente une des familles royales traditionnelles encore au pouvoir de nos jours. La dynastie *Okyeman* de l'actuel roi : l'*Okyehene Osagyefuo* Amoatia Ofori Panin, a été fondée en 1362 par Atta Apearnin Kwarframoa Woyiawonji (1362-1390) et règne, depuis lors, sans interruption sur la chefferie, ou royaume traditionnel de l'Akyem au Ghana avec Kieby comme capitale. La période coloniale n'a pas interrompu l'existence de ce royaume de la mouvance *Ashanti*. Le royaume de l'Akyem Abuakwa figure en tant qu'entité dans la constitution du pays. *Nana* Akufo-Addo, l'actuel président du Ghana est d'ailleurs membre de cette famille royale. *Nana* signifie : prince ! Le point de vue que nous rapportons ci-dessous est donc, on ne peut plus autorisé, puisque c'est le roi en personne qui parle de l'exercice de son pouvoir :

Osagyefuo : *Permettez-moi de vous dire quelque chose sur l'exercice du pouvoir ; vous voyez que l'institution, elle-même, incarne la démocratie. Par exemple, le roi ne prend pas les décisions, seul quand il s'agit de rendre un jugement. Il doit consulter les anciens avant de prendre les décisions finales. Le roi ne décide seul que lorsque la situation l'impose. Dans nos réunions du Conseil d'État, lorsque l'Okyenhene fait une proposition qui doit être examinée par le Conseil en assemblée, cette proposition peut être retardée, approuvée ou rejetée. Il m'arrive, quelquefois, de faire du lobbying avant d'obtenir ce que je veux. Donc l'impression que peuvent avoir certaines personnes selon laquelle le pouvoir royal est dictatorial et aristocratique est erronée. Le roi a certaines prérogatives mais il n'en fait usage qu'en cas d'extrême nécessité.*

Comme on le voit dans cet extrait, le roi, en personne, déclare qu'il n'est pas tout puissant face au Conseil des Anciens : l'*Ankobea Apesemaka ne Kyidom*. Mswati III, actuel roi de l'État Swaziland qu'il faut maintenant appeler : *Eswatini* (pays des Swazis) capitale Mbabane, qui règne en monarque absolu sur le pays depuis 35 ans, constitue certainement l'exception qui confirme la règle. La jeunesse, qui depuis plusieurs semaines veut en finir avec l'absolutisme de son souverain, remettra peut-être les pendules à l'heure. Le roi africain traditionnel est censé communiquer avec les esprits des aïeux ce qui en fait, à la fois un chef politique et religieux comme c'est le cas dans le *lamidat*. Le *lamidat* est une chefferie traditionnelle musulmane, peule que l'on trouve au nord du Cameroun dans les régions de l'Extrême-Nord, du nord de l'Adamaoua. Le mot lamidat signifie « chefferie » en langue peule. C'est un territoire de commandement placé sous l'autorité d'un chef traditionnel : le *lamido* (*lamibé* au pluriel). Il est intéressant, pour notre propos, de nous arrêter un peu sur le vocable *lamido*. Il dérive peut-être du Sérère : « lamane » qui signifie : « héritier/successeur », « maître de la terre/chef propriétaire du sol ». Le Lamido, nous l'avons annoncé, est à la fois chef politique et chef spirituel. Il est respecté et vénéré en tant que tel.

Importance et influence des chefferies traditionnelles

Les *Amakhosi*, chefs traditionnels, dans les royaumes précoloniaux en Afrique du Sud, représentent le pouvoir de proximité qui régit le milieu rural depuis des siècles. Avec la libération de Nelson Mandela le 11 février 1990, l'ANC qui pouvait, légitimement, envisager un basculement du pouvoir en sa faveur envisagea l'abolition de ces chefferies qu'il jugeait archaïques et incompatibles avec la démocratie. En effet, les *Amakhosi*, sont désignés par la famille royale. L'ANC les jugeait aussi coupables de compromission avec le régime d'Apartheid. Et pourtant, en 2004, soit 14 ans après la libération de Nelson Mandela, on comptait toujours dix rois traditionnels en Afrique du Sud, huit-cents chefs de tribu et dix mille chefs de village. Toutes ces institutions sont, comme c'est le cas pour le royaume traditionnel Ashanti de *l'Akyem Abuakwa* du Ghana, reconnues au niveau national, provincial et local selon une étude de Claske Dijkema de l'Université de Grenoble, publiée en octobre 2005. Toujours selon l'étude de Claske Dijkéma intitulée *Partage du pouvoir : que faire de la chefferie traditionnelle en Afrique du Sud* ? : « Les autorités traditionnelles étaient, avant 1994, légalement le premier niveau d'administration en zone rurale noire et constituaient, souvent, plus de 50 % des parlements des bantoustans. Cette élite rurale administrait la population et était chargée du maintien de l'ordre public ainsi que de la prestation des services publics de base (santé, éducation, eau, électricité, transport, gestion foncière, etc.) Si ces chefs étaient, à l'époque, sous l'autorité du gouvernement blanc en application de l'*Indirect rule* colonial, chère au type d'administration coloniale britannique, ils constituaient bel et bien la principale autorité dans les zones rurales ». Rapporté par le *Guardian* et le *Mail,* un débat a eu lieu en avril et mai 2005 sur la reconnaissance du royaume zoulou et la place de la famille royale dans le processus de décision.

Dans la droite ligne de cette revendication et la prise de position des autorités traditionnelles africaines dans la conduite des États africains modernes, citons le cas emblématique de l'épineux dossier dit de « l'épine dorsale ». Le projet, évalué à près de 1000 milliards de FCFA soit près de 1,52 milliard d'euros, traite de la réhabilitation, de la construction et de l'exploitation d'une ligne de chemin de fer qui doit relier : Cotonou, capitale économique du Bénin, à Niamey, capitale du Niger, en passant par les localités de Parakou et Dosso. Ce dossier a fait l'objet d'un conflit qui a opposé le groupe Bolloré et Pétrolin, le géant panafricain dirigé par Samuel Dossou : un ressortissant du Bénin. Le Haut Conseil des Rois du Bénin (HCRB) a donné de la voix, prenant ouvertement fait et cause pour le groupe Pétrolin, il a exhorté, nous citons : « Le gouvernement à œuvrer au mieux pour la protection des intérêts économiques du promoteur et concessionnaire du projet ». Il ne nous appartient pas ici d'entrer dans l'analyse des polémiques qu'un tel soutien, s'agissant d'un dossier aux dimensions internationales, a pu provoquer. Nous voulons simplement relever la volonté des chefs traditionnels africains de ne plus rester muets, désormais, et de peser de tout leur poids sur les affaires de la République. Les rois et chefs sont, donc, de moins en moins discrets. Seul ou en groupe ils interviennent de plus en plus, fréquemment, dans le débat public en Afrique.

Mais ne quittons pas le Bénin. En 1991, les rois coutumiers, et ils sont très nombreux au Bénin, ont, en majorité, apporté leur soutien au président Nicéphore Soglo. Retournant leurs atours traditionnels, entre 1996 et 2006, les têtes couronnées béninoises se sont massivement ralliées au général Mathieu Kérékou qui était, pourtant, leur ennemi juré pendant la période révolutionnaire. Elles ont ensuite, intérêt personnel sans doute, rejoint le camp du président Boni Yayi. Nous ne commenterons pas ces palinodies royales.

Alors qu'il étudiait des projets d'un établissement rural en Zambie au milieu des années 1970, Donald Ray, un doctorant, a vu l'un de ses projets, brusquement, interrompu et s'arrêter net, lorsque le chef du village est venu et a ordonné aux ouvriers de cesser immédiatement les travaux. Le chef avait été vexé. « Il était chargé de l'administration des terres et n'avait pas été consulté. »[2] Quelques années plus tard, alors qu'il rassemblait des documents en vue d'écrire un ouvrage sur le Ghana, le même Donald Ray a été frappé par le poids et le pouvoir des chefs traditionnels dans le nord du pays. Au cours de la révolution qui a permis à Jerry Rawlings de prendre

---

[2] Ce type de relation existe dans presque toutes les sociétés traditionnelles. Chez les Amérindiens il est de bon ton, comme dans les tribus mélanésiennes, il faut demander la permission au chef avec force cadeaux avant de faire quoi que ce soit et de fouler le sol de son territoire. Chez les Businengés de Guyane, le chef est appelé le *Grand Man*.

le pouvoir le 31 décembre 1981 le doctorant a pu se rendre compte du fait que les chefs de la révolution se trouvaient impuissants face à la résistance des chefs traditionnels.

Devenu professeur au département des Sciences politiques de l'université de Calgary, État de l'Alberta au Canada, Donald Lain Ray, a profité des expériences qu'il avait vécues pour se lancer dans un nouveau projet sur le rôle des chefs traditionnels dans le pouvoir local en Afrique. Ignorés à tort par l'opinion internationale et par les organismes internationaux, il faut bien prendre conscience du fait que les rois et les chefs traditionnels jouissent toujours d'un réel prestige et d'un pouvoir considérable dans presque tous les pays d'Afrique en dépit des gouvernements postcoloniaux, souvent mal élus, et des bureaucraties des États dits modernes. Nous avons eu l'honneur de traduire en français un ouvrage écrit en anglais par *Nana* Kwasi Amfo Kwakye, membre de la famille royale de l'Akyem Abuakwa. Ce livre que nous espérons voir bientôt publié trace l'histoire de la famille et le fonctionnement de la royauté ashanti, au sein de la République du Ghana en ce 21e siècle. La traduction du livre de *Nana* Kwasi Amfo Kwakye, nous a fait prendre conscience du fait que les chefs coutumiers ne sont pas des vestiges folkloriques du passé africain. Ils disposent encore d'un pouvoir et d'un prestige inégalés. Ce pouvoir et ce prestige ne sont pas remis en cause périodiquement par des élections. Les chefs des États africains modernes, ont bien compris toutes les retombées positives et partant, tout le bénéfice politique qu'ils peuvent retirer à être en bons termes avec ces authentiques influenceurs. Entrer en conflit avec les marabouts ou avec le très vénéré calife de la confrérie des Mourides[3], une émanation des soufis, c'est, à coup sûr, signer sa mort politique et son échec au Sénégal. Les politiques caressent les chefs coutumiers dans le sens du poil et font la danse du ventre devant eux pour s'attacher leur bienveillance.

Tous les chefs d'État de l'Afrique postcoloniale, savent qu'il est de leur intérêt de ménager les chefs coutumiers comme en témoigne un article, bien documenté, paru dans Jeune Afrique, il y a quelque temps mais encore disponible sur le net. Cet article traitait du cas particulier de la Côte d'Ivoire. Cependant, notre expérience et nos rencontres avec certains de ces chefs et certains cercles du pouvoir en Afrique nous permettent d'affirmer que le tableau

---

[3] Le mouridisme ou Mouridiyya est une confrérie musulmane soufie, la deuxième à pénétrer au Sénégal après la Tijaniyya où avec la Gambie, elle est presque exclusivement implantée. Fondée à la fin du XIXe siècle par Ahmadou Bamba, la confrérie joue un rôle religieux, politique et économique de premier plan au Sénégal. Capitale spirituelle : Touba.

ivoirien est transposable sur tout le continent. Nous nous permettons de le reproduire ici, pour illustrer notre propos :

« Ils (les chefs d'État) connaissent leur poids et leur influence et ne commettront pas l'erreur de les sous-estimer. Pourtant, Félix Houphouët-Boigny[4], le père de la nation ivoirienne, se méfiait de cette chefferie qu'il consultait peu. Après lui, ni Henri Konan Bédié, ni le général Robert Gueï, ni Laurent Gbagbo n'avaient souhaité modifier son statut. »

« Ouattara est originaire du nord, où l'influence des chefs traditionnels demeure prégnante. Il y a près de 8000 chefs coutumiers en Côte d'Ivoire. Une force de frappe électorale non négligeable. »

---

[4] Nous signalons dans notre livre Les fondements de la pensée africaine : causes du sous-développement que le vieux « sage de l'Afrique » n'était pas peu fier de son rattachement à la chefferie traditionnelle du fait de son lien familial avec la reine Yamousso et du chef Kouassi Ngo, dont il était le petit-neveu.

Glissement sournois vers la monarchie

Que ceux de nos lecteurs qui ont lu notre essai *Les fondements de la pensée africaine : causes du sous-développement*[5], co-écrit avec Benjamin Hocque, docteur en Sciences économiques, et publié aux éditions Saint Honoré, Paris en 2020, nous pardonnent de reprendre l'analyse que nous faisions de la propension des chefs d'État africains à se voir non pas comme des présidents de la République mais comme des rois.

C'est le moment de rappeler que, si seuls trois pays d'Afrique vivent aujourd'hui sous des régimes monarchiques souverains à savoir par ordre alphabétique : Le Lesotho, capitale Maseru. Le roi actuel Letsie III, de la dynastie *Seeiso*, règne depuis le 7 février 1996, mais avait régné de 1990 à 1995

[5] Benjamin Hocque, Dieudonné Zele, *Les fondements de la pensée africaine : causes du sous-développement*, Éditions St-Honoré, Paris, mars 2020, pp.81-84.

pendant l'exil de son père Moshoeshoe II qui avait conduit son pays à l'indépendance en 1966. Le Maroc, capitale Rabat, le plus connu, est une monarchie constitutionnelle qu'il n'est nul besoin de présenter davantage. Le troisième royaume souverain d'Afrique, le Swaziland ou *Eswatini* : avec Mbabane comme capitale administrative et Lolamba comme capitale royale et législative. Le roi actuel : Mwsati III, règne depuis 35 ans. Nous disions donc que si seuls les trois pays d'Afrique que nous venons de citer sont des monarchies souveraines, la royauté est bien présente et très vivace sur tout le continent africain. On assiste parfois à une véritable prolifération, une sorte de génération spontanée de rois. Au Bénin où le phénomène est le plus visible, on est passé du principe : « un peuple, un roi » pour en arriver à trouver deux parfois trois rois par localité. Un foisonnement que le professeur Roger Gbégnonvi, ancien ministre de la Culture du Bénin, déplore et qualifie : « d'enchevêtrement inextricable ». De son côté, Sa Majesté Togbé Akati II Djidjilévo, dont le royaume de Comè se situe près de la frontière avec le Togo, se désole : « Tout le monde s'érige en roi. Quand on est admis à la retraite, qu'on ne sait plus quoi faire et qu'on n'a plus d'avenir certain, on trouve que la meilleure solution est peut-être d'aller s'acheter les tapettes, les pagnes, les chapeaux et on s'érige en roi ».

L'inflation galopante des royautés au Bénin a mis les autorités républicaines devant la nécessité de créer un texte législatif pour réglementer les conduites à tenir par les rois et les chefs traditionnels. À en croire, Chabi Sika, le député qui, en août 2011 avait déposé une proposition de loi portant statut des chefferies traditionnelles en République du Bénin : « Il est nécessaire de recentrer les concepts de la chefferie, de la royauté et de clarifier l'ordre protocolaire à l'intérieur de ladite composante pour en avoir une meilleure organisation. » Il semble cependant que, si le principe du texte est acquis, les autorités républicaines pensent qu'il faut se hâter lentement.

C'est une affaire interne au Bénin nous nous garderons bien de nous en mêler. La situation du Bénin en matière de royauté nous aura, cependant, permis de prendre conscience d'une réalité : l'Afrique est une terre de rois et de chefs traditionnels sur laquelle le concept républicain a du mal à prospérer. La tentation est donc grande pour les autorités des États postcoloniaux de faire ressusciter à leur profit des germes qu'ils savent, profondément enfouie dans le subconscient de leurs concitoyens. Nous nous répétons que nos lecteurs veuillent bien nous pardonner mais le concept de la République démocratique est une notion apportée par la colonisation. Il est étranger à l'âme africaine. Les présidents tout-puissants des États postcoloniaux d'Afrique empruntent les portes qui leur sont grandes ouvertes souvent par les chefs et rois traditionnels eux-mêmes.

Joseph Désiré Mobutu s'appelle désormais : Mobutu Sessé Seko Seke kuku Ngbendu Wazu Banga autrement dit : « Mobutu le guerrier qui va de victoire en victoire sans que personne ne puisse l'arrêter » ! Exit : Joseph et Désiré qui, de toutes les façons, ne trouvent plus leur place dans ce nom aux allures martiales de chef traditionnel africain ! Les vêtements que porte le président-guerrier ne ressemblent plus du tout à la tenue, calquée sur celle du roi des Belges (Baudoin à l'époque de l'indépendance du Congo belge). Les tenues que Joseph Désiré Mobutu arborait à ses débuts et que portait, fièrement, le président Joseph Kasa Vubu le jour de la proclamation de l'indépendance du Congo, le 30 juin 1960, étaient des clones de la tenue du roi des Belges ! Mobutu Sessé Seko Seke Kuku Ngbendu Wazu porte maintenant un costume, à la mode congolaise, à savoir un pantalon et une chemise manches courtes qui fait aussi office de veste, un calot en peau de léopard sur la tête et pour faire, chef-coutumier selon la tradition africaine, le président ne se départit plus de son « bâton », non pas de maréchal, mais une sorte de sceptre, message subliminal pour suggérer sa filiation directe à une chefferie coutumière. Poussant encore plus loin, le président Mobutu s'était fait construire une véritable salle du trône en son palais. Le fauteuil sur lequel il prenait place lors des audiences publiques où l'on chantait ses louanges avait tout d'un trône, puisqu'il était surmonté d'un dais. Au pied du président coiffé de son éternel calot, une peau de léopard. C'était un décor de pharaon, comme dans les films à grand spectacle de Cecil B. de Mille. Il ne manquait que les danseuses lascives exécutant la danse du ventre pour compléter l'incroyable tableau… monarchique. On avait bien raison de qualifier le maréchal-président de roi du Congo.

Tous les chefs d'État africains tentent, ouvertement ou subrepticement, de se trouver un lien de parenté avec une lignée royale ou une chefferie traditionnelle de leur pays. Nous en parlions encore récemment avec un authentique chef traditionnel, celui-là : Le général Benoît Moundélé-Ngollo qui est le sixième *Mouandzol'Ô Pama* des M'bochis, une tribu de la République du Congo. Nous ne trahissons aucun secret lorsque nous disons que le président Denis Sassou Nguessou, celui-là même que le président Alassane Ouattara gratifiait du titre d'empereur, est un proche parent du *Mouandzol'Ô Pama* comme en atteste l'arbre généalogique exposé dans leur fief d'Oyo[6] sur les bords de la rivière Alima. On peut suivre les traces de son sang bleu jusqu'au milieu du XVIIIe siècle, aux alentours de 1750. Le *Mouandzol'Ô Pama* nous faisait remarquer, en se moquant d'eux, que bon nombre d'hommes politiques africains tentent par tous les moyens de s'inventer une ascendance royale !

Que l'on songe à la pitoyable, ridicule et, malheureusement, coûteuse, tentative de Jean Bedel Bokassa de s'élever au rang d'empereur de la Centrafrique. L'éphémère occupant du palais de Bérengo, devait avoir en tête l'exemple du, encore plus, éphémère empereur du Kasaï : Albert Kalondji qui, dans les années 60, alors que le Congo, tout juste émancipé de la tutelle belge se débat, déjà, avec les démons de la guerre civile, tente de ressusciter le vieil empire du Kasaï dont il devient, naturellement, le *Mulupwé*, puisque, prétend-il, il descend de la famille impériale Luba. Modibo Keita, premier président du Mali, était fier de descendre de la puissante lignée des *Keita* dont l'illustre Soundiata Keita fonda l'empire

---

[6] Relevons la coïncidence de ce nom : Oyo avec le nom du royaume d'Oyo, État africain fondé par les Yorubas au XVe siècle dans l'actuel Nigéria. De son nom complet : Oyo-Oba Ilu (Oba est un patronyme fréquent dans l'Alima), le royaume d'Oyo s'est développé pour devenir le plus grand État yoruba. Les mythes font remonter ses origines à Oranyan Empire Oyo (Oranmiyan) le second prince du royaume yoruba d'Ile-Ife.

du Mali (empire mandingue) au XIIIe siècle. Le Ghanéen : Nkwame Nkrumah, en son temps, se faisait appeler *Osagyefuo*, le sauveur. Ce titre est, traditionnellement, réservé aux souverains ashantis. Lorsqu'il prit le pouvoir, par la force, le bouillant Jerry Rawling, chercha à se rapprocher de la famille royale ashanti ne serait-ce que par alliance. Le « vieux sage de l'Afrique » en personne, le président Félix Houphouët-Boigny, de la tribu des Baoulés n'était pas peu fier d'être le petit-neveu de la reine Yamousso et du chef Kouassi Ngo. Sa légitimité s'en trouvait, de façon subliminale, grandement renforcée. Il faut dire que bien que fils de Oueddeï Kihidemi, chef traditionnel des *Teddas*, Goukouni Oueddeï dont on aimait rappeler la prestigieuse filiation n'a pu rester au pouvoir que pendant 3 ans de 1979 à 1982. Ce qui est une présidence météoritique si on lui applique les critères sinon africains du moins tchadiens ! Mais lui, au moins vit tranquillement, chez lui au Tchad, entouré du respect et de la considération de tous.

Comment voulez-vous qu'avec une telle mentalité les chefs dirigeants africains ne soient pas tentés de se perpétuer au pouvoir qu'ils tentent par une sorte de loi salique de transmettre par la suite à leur rejeton, trahissant par-là, peu ou prou, leur vision, profondément, monarchique de la république ? En disant qu'ils sont au diapason de l'âme africaine, nous ne cautionnons en aucune manière ce tropisme qui constitue une régression : un retour vers le passé. Il faut, dit-on, vivre avec son temps. On dit aussi que qui n'avance pas… recule !

Les élections passent, les présidents restent

Des générations entières de jeunes africains n'ont connu ou ne connaissent que l'autorité et le gouvernement d'un seul et unique président de la République. Lorsque l'actuel président de la République du Congo, Son Excellence Denis Sassou Nguesso, que le président Alassane Ouattara de Côte d'Ivoire appelle affectueusement « l'empereur » accède au pouvoir pour la première fois en 1979 après avoir écarté Joachim Yhombi-Opangault, au pouvoir depuis l'assassinat du président Marien Ngouabi en 1977, sur des accusations de corruption, l'actuel président de la République française, Son Excellence Emmanuel Macron n'était qu'un petit garçon de deux ans. La même année, en Angola tout proche, José Eduardo Dos Santos accédait à la magistrature suprême de son pays. Il en a été évincé en 2017 au bout de 38 ans de règne. Nous ne voyons pas d'autre mot à employer dans ce cas-là. Sa fille Isabel a même été qualifiée de « princesse Isabel » au temps de la toute-puissance de son président de père. 1979 voit aussi l'accession de Téodoro Obiang Nguéma Mbasogo aux commandes de la destinée de la Guinée équatoriale après avoir renversé Francisco Macias Nguéma. Son règne dure encore. Le président Obiang bat tous les records de longévité en Afrique. Nous disons simplement : « Et son règne n'aura pas de fin. » Amen !

Quand Robert Mugabé devient président du Zimbabwe en 1987 pour ne quitter le poste que contraint et forcé en 2017, il aura régné pendant 28 longues années. Le président Macron avait 10 ans en 1987. Il était à l'école primaire, au CM1. De son côté, le défunt maréchal du Tchad Idriss Déby Itno n'a quitté le pouvoir que les pieds devant à la suite d'un acte de guerre en 2021. Il avait prédit qu'il ne mourrait pas dans son lit. Il avait vu juste. Sa prophétie s'est réalisée sur un champ de bataille. Idriss Déby Itno avait accédé au pouvoir en 1990 après avoir chassé Hissène Habré de la tête du pays. Macron était alors un préado avec, nous le supposons, le visage couvert de boutons d'acné et une désagréable voix éraillée et rauque en pleine mutation. Idriss Déby Itno avait par la suite remporté haut la main toutes les élections présidentielles en

1996, 2001, 2006, 2001, 2016 et récemment encore, celles de 2021 non sans avoir, comme d'autres chefs d'État africains, nous pensons ici, aux présidents Alassane Ouattara de Côte d'Ivoire, au président Patrice Talon du Bénin, au président Denis Sassou Nguesso du Congo, modifié la constitution pour lui permettre de se présenter aux élections qu'il était d'ailleurs assuré de remporter. Il est impossible de ne pas citer l'inamovible président du Cameroun Paul Biya, aujourd'hui âgé de 88 ans, au pouvoir depuis le 6 novembre 1982. Le président n'a, semble-t-il, aucune intention de passer la main, puisqu'il se positionne comme candidat à sa propre succession lors des prochaines élections présidentielles de 2022. Nous lui présentons, d'ores et déjà, nos vives félicitations pour sa brillante réélection qui, pour nous, ne fait aucun doute. Mobutu Sessé Séko Kuku Ngbendu Wazu Banga a toute sa place dans cette liste de chef d'État aux mandats qui n'en finissent pas de durer. Ce roi du Zaïre a tenu le pays d'une main de fer de 1965 à 1997 soit 32 ans si nos calculs sont exacts. Laurent-Désiré Kabila et ses rebelles ainsi que la maladie, ont eu raison du maréchal-président en 1997. Ressuscitons les morts. Omar Bongo Odimba a été à la tête du Gabon du 2 décembre 1967 au 8 juin 200. Il a donc régné pendant 42 ans ! L'homme fort du Rwanda, Paul Kagamé, vient de boucler sa 21e année de présidence, puisqu'il a pris les rênes du pays aux mille collines le 24 mars 2000, pour devenir le 6e président d'un Rwanda traumatisé et marqué à jamais par le génocide de 1994.

Le général Gnassingbé Eyadéma, auteur d'un coup d'État, a imposé une dictature féroce sur le Togo du 15 avril 1967 au 5 février 2005, totalisant 38 ans de présidence. Nous serions tout simplement impardonnables d'oublier le bouillant colonel Mouammar El-Kadhafi, guide de la révolution libyenne de 1969 à 2011, soit 42 ans de règne sans partage, car l'Afrique arabe aussi a eu son lot de potentats. Après avoir écarté sans violence, comment faire autrement, le combattant suprême, le vieux Habib Bourguiba atteint de sénilité en 1987, Zine El Abidine Ben Ali a mis la main sur la Tunisie, pendant 24 ans, jusqu'en 2011, lorsqu'il fut emporté comme un fétu de paille par la puissante bourrasque du printemps arabe.

Le général Muhammad Hosni El Sayed Moubarak, président de L'Égypte de 1981 à 2011, n'a pas su ou n'a pas pu, lui non plus, résister à la tempête printanière dont les rafales l'ont fait basculer et jeté au bas de son trône de Raïs le 11 février 2011, lorsqu'après 18 jours de temps politiques très agités, le vice-président Omar Suleiman a annoncé que le président Moubarak avait démissionné de ses fonctions de président et transféré le pouvoir au conseil Suprême des forces armées. Son règne aura duré 30 ans. Le général Hosni Moubarak était le 4e président de l'Égypte. Avant lui Gamal Abdel Nasser Hussein, le tombeur du roi Farouk était resté en poste, vénéré comme un pharaon de 1956 jusqu'à sa mort survenue au Caire le 28 septembre 1970 : soit une durée raisonnable de 14 ans de pouvoir. Assassiné le 6 octobre 1981, soit 9 jours seulement avant la date anniversaire de son accession au pouvoir le 9 octobre 1970, Anouar El Sadate, général lui aussi, ne sera resté au pouvoir que pendant 11 petites années.

Au Soudan tout proche, après les 16 années de Gaafar Mohamed El Nimeiry, de 1969 à 1985, Omar El Béchir a semé la terreur pendant 30 longues années de 1989 à 2019, année où la colère du peuple l'a expulsé du palais présidentiel de Khartoum.

Nous ne pouvons pas clore ce chapitre sur l'extraordinaire longévité des chefs d'État africains au pouvoir sans signaler, en contrepoint, la dangerosité de la fonction. Depuis les années 50, on ne dénombre pas moins de vingt-deux présidents ou dirigeants africains assassinés alors qu'ils étaient en exercice, citons-en quelques-uns : Samuel Doe dont la mise à mort, après torture, dans des conditions d'une violence extrême a été filmée et présentée en direct à la télévision libérienne ; Sylvanus

Olympio du Togo ; Thomas Sankara du Burkina Faso ; João Bernardo Vieira de Guinée-Bissau ; Marien Ngouabi du Congo-Brazzaville. Alphonse Massamba Débat est assassiné quelques années après avoir quitté le pouvoir ; Melchior Ndadaye du Burundi après seulement trois mois au pouvoir. Avant lui, Louis Rwagasore avait eu que 15 petits jours de présidence ; Juvenal Habyarimana du Rwanda ; Laurent Désiré Kabila de la République du Congo : patrie de Patrice Eymeri Lumumba. Idriss Déby Itno est le deuxième président du Tchad après François Tombalbaye à être tué alors qu'il était en fonction. Citons encore l'Égyptien Anouar Al Sadate. Les conditions de la mort de Mouammar El Kadhafi sont bien connues. Ainsi donc, le continent africain est le continent où les présidents durent le plus longtemps, mais il est aussi le continent le plus dangereux pour eux avec plus de deux cents coups d'État à son actif non à son passif.

Dynasties rampantes des chefs d'État africains

Le général Mahamat Idriss Déby qui vient de succéder à son père à la tête du Tchad s'inscrit dans la tradition du pouvoir familial qui se dessine en Afrique. Ce type de succession ne choque presque personne puisqu'il puise sa justification dans la tradition et la pensée africaine. Le fils du chef étant appelé à devenir chef à la disparition de son père. C'est clairement une logique et une vision monarchique de succession dynastique. Nous ne sommes pas seuls à penser cela. Le gouvernement français vient de faire savoir qu'il ne saurait cautionner une succession « dynastique » au Tchad. Le mot a été employé. Au parlement européen, la Gauche européenne est vent debout tandis que des tensions se font jour entre le Conseil militaire de transition dirigé par le fils du président défunt et l'Union africaine qui voit d'un très mauvais œil la passation de pouvoir du père au fils.

Nous l'avons maintes dit et nous le répétons volontiers : la démocratie est un apport extérieur à la culture africaine. Le mode de gouvernement traditionnel, c'était le roi et le chef, réputés continuateurs et représentants des ancêtres. C'est un pouvoir monarchique. Ne craignons pas les mots. Le pouvoir est un pouvoir familial. Rappelons pour mémoire que Laurent-Désiré Kabila, le tombeur du maréchal-président : Mobutu, assassiné à Kinshasa le 16 janvier 2001 après à peine 5 années de pouvoir (1997-2001) a été, prestement, remplacé à la tête du pays par son général de fils Joseph Kabila Kabange par une sorte de succession dynastique. En Afrique, à mort expresse du père, succession expresse du fils, comme ce fut le cas pour Eyadema. Alors : « Le roi est mort… Vive le roi » ? et peu importe si personne ne demande son avis au peuple comme prévu par la constitution et comme l'exige la pratique démocratique : gouvernement du peuple, par le peuple et pour le peuple.

Joseph Kabila Kabange s'est maintenu au pouvoir qu'il a quitté, de fort mauvaise grâce, pendant 18 ans de 2001 à 2019, dont deux années hors mandat. L'ancien chef d'État le mieux payé du monde, à la tête d'un pays pauvre, peut, s'il le souhaite, mener une vie de pacha puisque Forbes estimait sa fortune à 15 milliards de dollars en 2016. *Wanda People* de l'agence de presse *Bloomberg* dit que, faisant royalement fi de l'article 96 de la constitution qui lui interdisait de prendre part à des activités commerciales, le président Joseph Kabila apparaît dans le capital de 70 entreprises congolaises. Il est vrai qu'au cours de son mandat, Joseph Kabila n'apparaît que dans deux sociétés, laissant à sa famille et sa pléthorique fratrie le soin d'investir dans le capital de nombreuses sociétés. Le clan Kabila posséderait, ainsi 120 permis miniers dans de nombreuses sociétés. Le média : *Congo-Actu* affirme quant à lui que la superficie des terres, propriétés de la famille Kabila représenterait l'équivalent de 10 fois la superficie de l'île de Manhattan soit près de 73 000 hectares, quand la superficie moyenne d'une ferme est de 1,5 hectare en République Démocratique du Congo. Mais ces considérations qui mettent en lumière les patrimoines colossaux des dirigeants africains nous éloignent de notre propos initial. Revenons à nos moutons.

Dans la région des Grands Lacs, citons le cas de Uhuru Kenyatta, homme d'affaires kenyan, multimillionnaire qui, 50 années plus tard, remporte des élections controversées, une habitude sous le chaud soleil d'Afrique pour devenir le 4ème président du Kenya. Il reprend ainsi le flambeau que son père Gatundu Kenya avait tenu bien haut pendant 14 années de 1964 à 1978 en tant que président du Kenya sous le nom : de Jomo Kenyatta, le père du Kenya en kikuyu !

Il faut dire que la famille Bongo, famille régnante du Gabon, avait ouvert la voie, lorsque, prenant, sans coup férir, la suite de son illustre père, Albert Bernard Bongo Odimba, devenu Omar Bongo Odimba, et deuxième président du Gabon, mort le 8 juin 2009 à Barcelone, Ali Bongo s'est emparé de la présidence. Ali Bongo garde le Gabon sous le contrôle de la famille Bongo depuis 12 ans malgré un accident vasculaire. À quelques encablures de Libreville, à Malabo, capitale de la Guinée équatoriale, Téodorin Nguema Obiang Mangue se prépare, sans doute, à succéder à son illustre papa. N'est-il pas déjà vice-président de la République, autrement dit, le prince héritier, le prince Charles de Guinée équatoriale ? Dans la même zone géographique, sur les bords du fleuve Congo cette fois, on s'attend à voir Christel Denis Sassou Nguesso prendre la suite de son père Denis Sassou Nguesso : l'empereur. Les Congolais ne seront pas trop dépaysés, c'est certain. Au Togo, c'est Faure Gnassingbé, propulsé par l'armée à la tête du pays à la suite de ce qu'il faut bien nommer : un coup d'État, une vieille habitude dans la famille

Eyadéma, s'efforce, depuis 16 ans, de gommer le patronyme Eyadéma, trop connoté poigne de fer, continue le chantier laissé en plan par son père, le général, après 38 ans d'un gouvernement que beaucoup qualifient de dictature. Le général Gnassimbé Eyadéma, mort le 5 février 2005, à l'âge de 69 ans, foudroyé par une crise cardiaque dans l'avion qui le transportait en France pour y être soigné, était arrivé au pouvoir le 13 janvier 1967, à la suite d'un coup d'État.

Alors que la passation de pouvoir du père vers le fils avait réussi au Togo, par la force des armes, les manœuvres du président sénégalais Abdoulaye Wade pour passer le flambeau à son fils Karim Meïssa qu'il croyait avoir placé sur la bonne rampe de lancement en le nommant en 2009 ministre d'État de la Coopération et des Transports, excusez du peu, se sont finalement retournées contre son fils. Karim Meïssa Wade a dû passer par la case prison. La roche Tarpéienne, *Rupe Tarpea*, est si proche du Capitole. Seules 4 petites minutes de marche les séparent l'un de l'autre ! On se souvient des efforts, paternels, de Wade pour restaurer l'image brouillée de son fils dans l'espoir de voir ce dernier lui succéder en 2019 sur le « trône » du Sénégal.

Citons pour mémoire la trajectoire brutalement interrompue, en 2011, de Saïf-Al-Islam, ce fils qui était pressenti pour remplacer son père, le colonel Mouammar Kadhafi comme guide de la *Jamahiryia* arabe libyenne, populaire et socialiste.

La République monarchique

Nous le disons et quelques-uns, comme le journaliste, écrivain et ancien ministre du gouvernement du Congo Guy Menga ou Krishna Amen Ndounia, maître de conférences à l'université Marien Ngouabi de Brazzaville, se joignent à nous, pour affirmer que, les États modernes africains, surtout en Afrique subsaharienne, ne sont pas encore des nations mais, des juxtapositions hétéroclites de clans, de tribus et de villages. Les Africains, intellectuels ou non, restent si profondément, attachés à ces entités qu'elles leur servent d'identité. L'identité clanique, tribale ou villageoise est une donnée si ancrée dans les esprits et les cultures qu'elle est pour un très grand nombre de peuples d'Afrique inscrite dans leur chair sous forme de scarifications indélébiles. Ce sont des cartes d'identité infaillibles et infalsifiables. Ces marques, profondément incrustées dans la chair se trouvent sur le visage, les joues, le front, la poitrine le dos ou d'autres parties de l'anatomie. Chaque tribu, chaque clan a sa marque spécifique, reconnaissable entre toutes. Ces signes distinctifs sont répandus sur tout le continent africain depuis les bords de la Méditerranée jusqu'au cap de Bonne Espérance, dans le sens nord-sud, depuis le cap Vert dans l'océan Atlantique jusqu'au Cap Gardafui, dans ce qu'il est convenu de nommer : la Corne de l'Afrique dans l'océan Indien dans le sens ouest en est. Quelquefois la marque distinctive de la tribu implique des mutilations physiques. Entailles des dents en biseau, extraction des incisives, percements d'un trou, qu'on agrandit, démesurément, dans le lobe de l'oreille, lèvre inférieure, étirée en plateau, femme-girafe et nous en oublions certainement. Des ouvrages d'anthropologie avec des photos, renseigneront utilement et plus complètement ceux et celles de nos lecteurs lectrices que cet aspect des choses intéresse.

La forte identité tribale ou villageoise que l'on porte jusque dans sa chair crée des liens très forts entre les membres de la communauté. Une vraie famille que l'on porte dans son cœur et qu'on a littéralement dans la peau. C'est enfoncer des portes ouvertes que de parler de la place fondamentale que tient le village dans l'esprit de *l'homo africanus*. Tout comme les scarifications tribales que des africains portent, à jamais, incrustées dans leur chair, le village sert de carte d'identité à *l'homo africanus* et bien plus. Il l'inscrit et l'ancre dans une lignée. Il lui donne un arbre généalogique et l'arbre a besoin d'une terre pour y plonger ses racines. Le village, siège du clan, représente la terre des ancêtres, la terre dans laquelle *l'homo africain* trouve ses origines. C'est au village que *l'homo africanus* devenu citadin vient se ressourcer pour retrouver force et équilibre, comme le géant *Antée* de la mythologie grecque retrouvait force et vigueur lorsque ses pieds touchaient Gaïa, la Mère-Terre, sa propre mère. Mongo Béti ne dit pas autre chose quand il écrit dans *Mission terminée*[7] :

Cette imperturbable sérénité devant les vicissitudes éventuelles de la vie, c'est la plus grande perte que nous ayons subie, nous de la ville, en quittant nos villages, nos tribus, nos cadres ; car nous n'avons plus cette sagesse : irrités, ambitieux, pleins d'illusions, exaltés, nous sommes les dupes éternelles.

Restons en compagnie des grands écrivains pour parler de l'attachement de l'Africain à son village. L'écrivain nigérian, Cyprian Ekwensi n'est pas en reste, lui qui fait du village un lieu de rédemption et de rachat, à la fois spirituel et psychologique, pour son héroïne, éponyme : Jagua Nana[8] prostituée en ville, mais qui, étant illettrée, reste imperméable aux influences occidentales de la ville en une sorte de

---

[7] Mongo Béti, *Mission terminée*, Bruschet Chastel (Paris, 1957) p.20.
[8] Cyprian Ekwensi, Jagua Nana, Hutchinsons & C° Ltd (London, 1961).

préfiguration du monde de Boko-Haram, un monde où le livre et l'instruction sont péchés, ce qui permet sa rédemption. Vision manichéenne ! D'un côté, le village et les valeurs ancestrales, parés de toutes les vertus et de l'autre, le monde moderne, sous-entendu, occidental, couvert d'opprobre et responsable de tous les vices. Elle permet au moins à nos lecteurs, non africains de se faire une idée de l'attachement viscéral de l'Africain à son village et donc à la terre de ses ancêtres.

Ce socle ancestral constitue la base du pouvoir des rois, chefs traditionnels et chefs de village, structures qui fondaient les gouvernements africains avant la période coloniale. Les chefs des états modernes s'appuient sur ces structures pour remonter le temps et rétablir sinon les royaumes et empires du passé du moins créer une entité politique inédite que nous appellerons, faute de mieux : La République monarchique. Ce type d'État : une tierce république, deux tiers monarchie de droit divin, n'existe pas qu'en Afrique d'ailleurs. Au temps de leur splendeur, les maîtres du Kremlin, secrétaires généraux du parti communiste, étaient appelés, les « Tsars rouges ». Titre sanglant qu'on attribue, parfois, encore à Wladimir Poutine. Kim Jong Un, le maître absolu de la Corée est bien plus puissant que le roi Soleil lui-même. Le successeur de son père sur « le trône de

Syrie », Bachar El Assad, dépasse la reine d'Angleterre et tous les monarques des pays du nord de l'Europe en termes de puissance. Que dire de Mao Ze Dong, le dieu vivant dont, l'héritier collectif, le parti communiste chinois perpétue et le souvenir et le règne.

Revenons maintenant sur le continent africain qui se transforme, subrepticement, en royaumes et empires héréditaires sous nos yeux sous la férule de présidents-ventouses ou sangsues pour mieux coller à la réalité. Nous assistons, sans en prendre vraiment conscience, à la résurrection sous des appellations et des dimensions diverses et variées, des États de la savane au sud de la grande forêt, des royaumes et empires de l'Afrique précoloniale : royaumes du Kongo, de l'Angola, de Loanda, du Bouganda, du Kitara, Pendé, Haoussa, Lounda, Songhaï, le grand Zimbabwe (Monomotapa ou Moutapa, Kanem-Bornou, Adamaoua, Ashanti, Abomey), etc. Nous les avons cités dans le désordre et notre liste est loin d'être exhaustive. Toutes ces entités qui furent fluctuantes dans le passé sont en train d'être ramenées à la vie. Par un retournement de l'histoire, les états modernes sont en train d'accoucher d'états de l'ancien temps par la volonté d'hommes et de femmes qui cherchent à se tailler qui un empire, qui un royaume. Dans les monarchies africaines en gestation, le peuple est réduit au silence par des dirigeants, conscients de leur illégitimité. Ils savent qu'ils usurpent le pouvoir et ne tolèrent aucune critique, aucune voix discordante, comme au bon vieux temps de l'exécrable national-socialisme de Hitler. On ne veut voir qu'une seule tête rangée derrière le tout-puissant parti unique qui soutient le président-roi. Dans les écoles du parti des pays frères, on leur a appris que le pouvoir se conquiert par le fusil et qu'il se conserve par la terreur, l'intimidation, le meurtre, la corruption.

Le texte parodique qui suit, extrait d'un message diffusé sur les réseaux sociaux, permettra à nos lecteurs de mieux appréhender de ce qui se passe sous l'exotique ciel des Tropiques. Nous reprenons le texte tel que nous l'avons reçu, sans aucune retouche de notre part. Nous demandons, d'ores et déjà à l'auteur ou aux auteurs de ce texte de bien vouloir nous pardonner cet emprunt. Nous le ou les remercions pour sa trouvaille et lui exprimons notre admiration pour la puissance de son ou de leur imagination :

« Après avoir beaucoup lu et relu Tocqueville, le président Macron en est arrivé à la conclusion que "pour défendre l'égalité, les Français sont prêts à accepter un 'doux despotisme', en clair renoncer à leurs libertés au nom de l'égalité entre citoyens…

notamment parce qu'ils se défaussent sur les représentants politiques…" ». *Il décide de prendre la main… La France élira bientôt son nouveau président… et ça risque d'être le sortant… et pour longtemps…*

Désormais, le président attribue tous les postes de responsabilité aux personnes issues de son département de la Somme et de sa région de la Picardie, et ils doivent être catholiques. Ainsi, tous les préfets, les généraux, les commissaires et les hauts gradés sont picards. La plupart des ambassadeurs, ainsi que les patrons des grandes sociétés sont picards.

Par ailleurs, les ministres sont presque tous issus de la Fondation de la première dame qui règne sans partage. Finalement, les institutions de la République passent sous la main de la première dame. La famille Macron a la mainmise sur toute l'économie du pays et contrôle tous les leviers du pouvoir : économique, militaire, industriel… Elle a le droit de vie et de mort sur tous les citoyens français.

À mesure que les jours passent, le président concentre tous les pouvoirs entre ses mains. Pa conséquent, les députés n'ont plus aucun pouvoir de contrôle et passent leur temps à entériner les projets de loi émanant du pouvoir exécutif.

Le président a réuni son parti, LREM en assemblée constituante, qui a modifié la Constitution afin de donner tous les pouvoirs au chef de l'État. Le poste de Premier ministre est supprimé et le président désignera lui-même son vice-président. Tout le monde sait que ce vice-président sera un très proche du président (sous-entendu, son fils) et personne n'a le droit de poser de question sur la légitimité de ce dernier.

La France, confrontée à une crise économique et sanitaire sans précédent, est gérée par le président Macron et la fondation de sa femme. Ainsi, les milliards alloués à la lutte contre la Covid 19 sont gérés par le couple présidentiel dans une grande opacité. Les parlementaires n'ont pas le droit de poser des questions, et les journalistes qui s'enhardissent à enquêter font l'objet de poursuite et sont jetés en prison.

Les manifestations de l'opposition sont systématiquement interdites et la répression est féroce. Les forces de l'ordre ont le droit de tirer et de tuer les récalcitrants. Le président a fait construire une grande prison dont l'inauguration coïncidera avec le jour de son investiture pour y jeter les opposants qui oseront manifester.

Les salaires sont versés au compte-gouttes. Les agents de l'État tirent le diable par la queue. Celles et ceux qui osent parler sont mis au placard sans ménagement. Les années scolaires n'en finissent plus de traîner en longueur et de se chevaucher. Le niveau scolaire baisse de façon vertigineuse.

Le président décide, seul, d'envoyer les forces armées sur des théâtres de guerre sans en informer la représentation nationale.

Des officiers du régime font ériger des barrières partout sur le territoire et imposent de lourdes taxes à la population comme droit de passage. Profitant de la crise sanitaire, le président Macron décrète un confinement rigoureux et impose un couvre-feu, juste avant les élections présidentielles. Alors que les rassemblements de plus de six personnes sont interdits, le président sillonne le pays de long en large et il est accueilli par des foules qui rassemblent plusieurs milliers de personnes. Partout, il promet des suppressions d'impôts, autorise le mariage pour tous, comme il promet du travail pour tous. Demain, de toutes les façons, on rasera gratis. Aucun autre candidat n'a le droit de tenir des meetings électoraux ni de faire campagne de quelque façon que ce soit. De toutes les façons, le président Macron choisit, lui-même, ceux et celles qui ont le droit de se présenter contre lui. Il les paie pour faire de la figuration et le mettre en valeur. Il gagnera les élections comme sur un ring : un coup K.O. ! Ses partisans nomment ces élections truquées : « Opérations Uppercuts » ! *La société israélienne, chargée de fournir la logistique électronique a prévu de faire gagner le président, dès le premier tour avec 95,78 % des voix. Elle avait d'abord pensé à établir le score à 100 % des voix mais cela aurait éveillé des soupçons. Le président pense qu'il est irremplaçable, lui le grand leader de toute l'Europe qui tient son pouvoir quasi divin de sa seule personnalité exceptionnelle et de son intelligence bien supérieure à la moyenne.*

Nos lecteurs ont bien compris que ce texte ne peut pas être pris au premier degré, la situation qu'il décrit est impossible en France, pays de droit et de démocratie. Un tel délire présidentiel dans l'Hexagone aurait mis le pays à feu et à sang et le président Big Brother aurait été acculé à la démission avec perte et fracas. La France a fait la Révolution, abolit la royauté, Louis XVI en a perdu la tête dans ce processus, entre nous soit dit. Que nos lecteurs remplacent maintenant le nom du président français par le nom d'un chef d'État, quel qu'il soit, à quelques exceptions près et qu'ils tirent leurs propres conclusions. Nous remercions, encore une fois, l'auteur de ce document que l'on trouve sur les réseaux sociaux.

Nous avons mentionné l'exceptionnelle longévité au pouvoir des chefs d'État africains. Les rois de France, se disaient : « roi par la grâce de Dieu », de même les chefs d'états africains se veulent :

« présidents par la grâce de Dieu ». Paul Biya du Cameroun déclarait, quant à lui : « Ne dure pas au pouvoir celui qui veut, mais celui qui peut ». Déclaration que nous décodons en : « Une fois les élections remportées, le président doit s'atteler à sa tâche principale : asseoir son pouvoir. Il doit tout faire pour durer. » Le chef s'appuie sur sa tribu dont la fidélité indéfectible lui est acquise, quoi qu'il fasse. Le clan, la tribu et l'ethnie, seules invitées aux agapes présidentielles, constituent ainsi le socle, l'ancrage du président. En remerciement pour services rendus, le clan, la tribu, l'ethnie de l'heureux chef mal élu seront les seuls du pays à avoir le ventre plein.

Dans les pays où la présence de l'État est réduite à sa plus simple expression, des pays handicapés, qui plus est, par un déficit d'équipements et d'infrastructures : routes impraticables, réseau électrique aléatoire lorsqu'il n'est pas totalement absent, réseau téléphonique précaire et peu fiable, zones très enclavées, contrôler la transparence et la régularité des élections qu'elles soient présidentielles ou législatives est mission impossible. Les nombreuses fraudes et bourrages d'urnes sont devenus la règle plutôt que l'exception. Il est courant de constater que :

- Les assesseurs des partis non au pouvoir sont menacés et chassés des bureaux de vote. Leurs protestations bien légitimes ne trouvent que peu d'échos comme elles ne provoquent que peu d'émois.

- La Cour suprême, gangrénée et aux ordres, déclare, pince-sans-rire, qu'elle ne trouve rien à redire : toutes les opérations se déroulant ou s'étant déroulées dans des conditions conformes à la constitution.

- Les suffrages obtenus par le candidat ou les candidats du pouvoir dépassent le nombre d'inscrits.

- Des cartes d'électeur ont été généreusement distribuées à des mineurs ou à des non-ressortissants du pays que l'on paie pour aller voter et bien voter librement sous l'œil vigilant de l'assesseur du parti.

Dans ces conditions, la victoire, on s'en doute, ne peut échapper au chef sortant. Ce genre d'élection ne peut se vivre comme pilier central de la démocratie. Le chef qui en sort, tout sourire, sait qu'il n'est rien d'autre qu'un malfrat qui vient de faire main basse sur les institutions dans son pays. Les élections sont synonymes de hold-ups récurrents. Ce sont des coups d'État électoraux que ceux qui envoient des messages de félicitations à l'élu se succédant à lui-même, de cette façon ouvertement frauduleuse, font semblant de ne pas voir. Hypocrisie universelle ou *Real Politik*, à chacun de se faire son opinion ! Le pouvoir présidentiel africain, malhonnêtement acquis au vu et au su de tout le monde, sera bien plus raffermi si l'élu peut le recouvrir du vernis de la tradition en revendiquant son appartenance à une lignée de chefs traditionnels : *Oba, Lamido, Naba, Sultan, Mouandzol'Ô Pama, Ndami* etc. Sûr de son pouvoir et de son impunité, le président agit désormais au grand jour, sans masque et sans fard, affichant ouvertement ses intentions, comme ses projets. Les sommes colossales qu'il a détournées en pillant, allègrement, son pays et l'immense fortune qu'il a amassée au cours du temps, fortune bien au chaud dans les paradis fiscaux, lui permettent d'acheter toutes les consciences. Il sait, et pour cause, que chaque homme a son prix. Tout peut s'acheter. Le corrompu, et fier de l'être, sait se faire corrupteur pour ses besoins. Il a jeté sa conscience aux petits cochons. Il ne peut donc pas avoir une crise de conscience. Sa richesse, qui se situe au-delà de la richesse, le rend fréquentable dans tous les cercles. Les défenseurs du droit, les pourfendeurs de la malhonnêteté les plus sourcilleux, lui déroulent le tapis rouge qu'il foule avec délectation comme il marche sur la misère du peuple. On ne le sait pas, mais à la place de son cœur, un cardiologue qui l'examinerait, trouverait un caillou.

Feu le président Idriss Déby Itno illustre de façon caricaturale la tendance de certains chefs d'État africains à se glisser dans la peau d'un roi. Que ceux de nos lecteurs qui en douteraient examinent de près sa tenue de maréchal du Tchad. Le boubou qu'il portait avait été remplacé par une cape de soie bleu nuit ornée de motifs en forme de feuilles de chêne en fil d'or. Nous ne comprenons pas le choix de la feuille de chêne pour cette décoration. À notre connaissance, le chêne ne pousse pas au Tchad. Il y a fort à parier que le Tchadien moyen ignore tout de cet arbre et de ses glands. Mais nous nous trompons peut-être. Élevé au rang de maréchal du Tchad le 11 août 2020, consécration suprême pour celui qui régnait sur le Tchad depuis 1990 avait choisi un bâton de maréchal et une cérémonie d'intronisation dont l'apparat n'était pas sans rappeler le couronnement de Napoléon 1er. Le message était on ne peut plus clair.

Le 27 décembre 2010, le président Idriss Déby Itno avait, par décret présidentiel, brutalement, démis son demi-frère Timan Déby de son statut de sultan de la communauté Dar-Bilia, une forteresse traditionnelle Zaghawas, au motif que le sieur Timan Déby ne manifestait pas beaucoup de respect envers les dignitaires de Dar-Bilia. Il décrédibilisait la fonction. Faisant d'une pierre deux coups, le président en avait profité pour revêtir, lui-même, l'écharpe de sultan. Il resta président-sultan ou sultan-président jusqu'en juin 2019, quand il dut céder son écharpe de monarque, toujours par décret à son neveu Siddick Timan Déby Itno.

Oui, nous avons bien lu, de 2010 à 2019, Idriss Déby Itno, président de la République du Tchad a bien porté le titre de sultan, titre que porte les monarques musulmans comme le sont de nos jours : le sultan d'Oman, Haitham Bin Tarik, qui a succédé à Qabous Ben Saïd, décédé en janvier 2020 après 50 ans de règne sur le Sultanat D'Oman, État du golfe persique, aussi appelé l'Arabie heureuse, ou encore le richissime et très autoritaire Hassanal Bolkiah, 29e sultan du Brunei. Royaume situé sur l'île de Bornéo et vieux de plus de mille ans. Nous nous demandons vu ce cas de figure, comment devait-on s'adresser, protocolairement, à Idriss Déby Itno : Son Excellence ? Son Altesse ? Sa Majesté ?

Le président-sultan ou le sultan-président Idriss Déby Itno illustre bien l'ambiguïté du positionnement des présidents africains quant à la royauté. Notons quand même, ce que nous aurions tendance à appeler mélange des genres, puisque le président gère le titre de sultan, le sultan d'une tribu, par décret présidentiel ! Ce qu'il y a de troublant, pour nous dans tous les cas, c'est que les archives historiques du Tchad ne présentent aucune trace de la chefferie traditionnelle de Dar-Bilia, celle qui autorise le président Idriss Déby Itno et sa famille à porter le titre de sultan, donc de roi, avant l'arrivée au pouvoir du MPS (Mouvement patriotique du salut) le parti d'Idriss Déby Itno.

Revenons sur le pathétique et éphémère empire centrafricain, 1977-1979. Rien ne nous empêche de penser que l'idée première de Jean-Bedel Bokassa, déjà président à vie, avait en tête de ressusciter et de regrouper sous son autorité la douzaine de royaumes zandés fondés autour du XVe siècle par une aristocratie de seigneurs venus du Darfour ou du Kordofan. Natif de Bobangui, un village de la préfecture de la Lobaye le titre de Jean Bedel Bokassa était : « Empereur de Centrafrique par la volonté du peuple centrafricain uni au sein du parti MESAN ». La référence au MESAN dans le titre impérial de Bokassa 1er trahit une volonté assumée d'établir une filiation politique et spirituelle, et pourquoi pas un lien de parenté, plus que bienvenu, avec le charismatique Barthélemy Boganda, premier président de la République centrafricaine. Il y avait là de quoi faire accepter aux Centrafricains la création d'un empire. De même qu'en France, tout le monde se réclame du général de Gaulle de même du côté de Bangui, tout le monde se réclame de Barthélemy Boganda. Figure tutélaire du pays, père de la nation, celui qui a conduit la République centrafricaine à l'indépendance.

Comme Jean-Bédel Bokassa, Barthélemy Boganda est né à Bobangui, dans la Lobaye. D'abord membre du MRP (Mouvement républicain populaire), il quitte ce parti en 1949 pour fonder son propre mouvement à consonance messianique le MESAN (Mouvement de l'évolution sociale de l'Afrique Noire). Son crédo est plus que séduisant : nourrir, vêtir, instruire, guérir, loger. Le rêve de Barthélemy Boganda, le visionnaire, était de créer une grande République centrafricaine, ce qui signifiait au centre de l'Afrique. Cette grande république incluant tous les pays de l'ancienne AEF (Afrique équatoriale française) avait vocation à être fédérée dans ce qu'il appelait les États-Unis de l'Afrique latine englobant l'Angola et le Congo belge. Hélas, ce beau projet qui aurait changé sinon la face du monde mais bien la face du continent africain a explosé en plein vol le 29 mars 1959 dans le crash, aux causes demeurées inexpliquées, de l'avion qui transportait le président Boganda. La mort du grand homme, survenue trois jours seulement avant la dissolution de l'AEF a sonné le glas de ce grand projet.

Le grandiose rêve panafricaniste de Barthélemy Boganda, le fondateur du MESAN allait-il, contre toute attente, et toute espérance, se réaliser sous l'improbable houlette de Bokassa 1er son héritier politique ? L'empire centrafricain allait-il devenir une formidable réalité en épousant les contours des États-Unis d'Afrique centrale ? Hélas, l'empereur n'était qu'un bouffon à l'instar du terrible et brutal Idi Amin Dada de l'Ouganda. Accusé de malversations, soupçonné de cannibalisme, l'empereur de Centrafrique a connu une lamentable et honteuse fin de règne dans la cellule d'une prison, renversé par celui-là même qu'il avait chassé du pouvoir quelque temps auparavant : l'inoffensif et fade David Dacko.

Quoi de mieux pour illustrer le caractère tribaliste de l'assise politique des dirigeants africains qu'une petite revue des partis politiques en lutte pour accéder au pouvoir et, partant, à la tête de l'immense Congo-Belge sur le point de se libérer du joug colonial belge. Il y avait donc : le parti de l'unité nationale de Jean Bolikango ; le Mouvement national congolais du tonitruant Patrice Émery Lumumba ; l'*Alliance des Bakongo* de Joseph Kasa-Vubu (premier président de la République) ; *l'Union des Mongo* de Justin Bomboko ; la *Confédération des associations Tribales du Katanga* de Moïse Tshombé ; l'*association générale des Baluba du Katanga* de

Jason Sendwe ; la *goalition kasaïenne* de Grégoire Kamanga ; l'*association des Tshokwe* du Congo-Belge, d'Angola et de Rhodésie, etc.

Nos lecteurs auront compris, sans aucune peine, que les partis mis en italiques sont des partis à base tribale ou ethnique. En dehors des convoitises qu'allait susciter le scandale géologique des immenses richesses de son sous-sol, le pays était, dès le départ, condamné à la division. En 2011, le Sud-Soudan, accédant à l'indépendance est, lui aussi victime des rivalités ethniques opposant les *Dinkas* et les *Nuer*. Comme la République Démocratique du Congo en proie à des guerres et des troubles incessants depuis de très longues années pour le malheur des populations, le Sud-Soudan est gangréné par une guerre interminable pour la prise du pouvoir par une tribu au détriment d'une autre. Ce qui est sûr, c'est que personne ne sort gagnant de ces luttes fratricides dont les populations font les frais. Dix ans après son accession à l'indépendance, le Sud-Soudan reste un État à l'état de fœtus, sa population vit un cauchemar éveillé, plus de 4 millions de déplacés, plus de 384 000 mille morts, la famine menace. Aucun tour-operator ne penserait à inclure Juba dans ses destinations de vacances à moins que ce ne soit qu'en aller simple, retour non garanti. Mais arrêtons-là cette digression démoralisante.

Quelle était la situation sur l'autre rive du grand fleuve, juste en face de Léopoldville lors de l'accession à la souveraineté internationale, dans l'autre Congo ? Au Moyen-Congo d'alors, les partis politiques n'affichent pas clairement leur ancrage tribal mais personne n'est dupe. Le MSA (Mouvement socialiste africain) de Jacques Opangault regroupe essentiellement ceux qu'il est convenu d'appeler les nordistes alors que les militants de l'UDDIA (Union démocratique pour la défense des intérêts africains) de l'abbé Fulbert Youlou, premier président de la République du Congo, qui absorbe le PPC (Parti progressiste congolais) de Félix Tchicaya qui fut député à l'assemblée constituante française, sont majoritairement du Sud.

La séparation du pays en Nord et Sud se lit encore de nos jours dans les deux plus grandes villes du Congo : Brazzaville la capitale et Pointe-Noire la capitale économique du pays. À Brazzaville, par exemple, des arrondissements comme *Bacongo* ou *Makélékélé*, ne sont habités, pour ce qui est des citoyens congolais, que par des gens originaires de la partie sud, essentiellement de la zone du Pool. À l'autre bout de la ville, à *Ouenzé* et à *Talangaï* les habitants viennent majoritairement des régions dites du nord du pays. Les ressortissants de la région du Niari se retrouvent, de préférence, dans le quartier de

Mfilou. Le quartier de *Poto-Poto*, qui se veut plus ouvert, est, en réalité, et ce depuis l'époque coloniale, le fief des *bangalas*, ceux qui sont venus par bateau depuis les régions qui jouxtent la République centrafricaine. Il se dit que le quartier de *Kombo* abrite les tribus proches du pouvoir en place. Le tribalisme, comme on le constate est un chancre au cœur de la pensée africaine : « Biso na biso » disent les uns, « Betou na Betou » répondent les autres : « Restons entre nous », « Bana Mboka » « Malenguè ti kodolo » autrement dit : Enfants de chez moi, enfants de mon village ! Le tribalisme fait le lit des politiques. Ils s'en nourrissent. Il les encourage à s'accrocher au pouvoir, à se transformer en chefs… en rois !

L'imposture ethnocentriste

Nous empruntons le titre de cette rubrique à Charles Zacharie Bowao, philosophe, professeur des universités, qui en a fait le livre de son livre, publié aux éditions Hemar en avril 2014. Cet excellent ouvrage propose, comme on peut le lire en 4e de couverture : « un ensemble de réflexions sur l'ethnocentrisme en Afrique ». L'auteur puise la matière qui fonde sa réflexion sur sa solide expérience sociale et politique. Il a été ministre de la Défense et membre du PCT (Parti congolais du travail) avec lequel il a pris ses distances. L'ancien ministre analyse sans concession, et fustige ce qui se passe au Congo qui compte de nombreux partis politiques dont le dénominateur commun est le repli identitaire. Rien n'a changé depuis l'accession du pays à la souveraineté internationale en une sorte d'affligeant « mouvement immobile ». Nous ne doutons pas que nos lecteurs nous pardonneront cet oxymore hardi. Nous en avons eu un aperçu de cet immobilisme endémique dans un monde qui bouge dans la répartition sociologique sur des bases ethniques et régionales des populations dans les grandes villes congolaises.

On nous rétorquera certainement que la répartition des populations sur des bases ethniques dans les villes africaines date de la colonisation, lorsque les maîtres de l'époque utilisaient à leur profit l'adage bien connu : « Diviser pour régner ». C'est peut-être vrai, c'est même vrai. Qu'on nous permette cependant de poser la question multiple qui suit : « Depuis combien de temps, les pays africains sont-ils indépendants et souverains ? Pourquoi rien n'a-t-il été fait, souverainement, pour corriger et réparer les effets néfastes de la colonisation ? » C'est bien trop facile de tout mettre sur le dos de la colonisation. C'est une façon, dirons-nous, de botter en touche et de ne pas voir la réalité en face.

Nous attribuons, quant à nous, l'immobilisme coupable que dénonce Charles Zacharie Bowao à la volonté politique des nouveaux maîtres d'utiliser le principe colonial : « Diviser pour régner » à leur profit. Mais ils vont plus loin car ils ne se contentent pas de diviser. Les nouveaux ajoutent la touche tropicale. Ils opposent les concitoyens les uns aux autres en exacerbant le tribalisme et l'ethnocentrisme.

Nous nous appuyons ici sur l'autorité d'Ambroise Édouard Noumazalay qui fut Premier ministre, président du Sénat et secrétaire général du PCT (Parti congolais du travail), le tout-puissant parti qui tient les rênes du pouvoir au Congo-Brazzaville avec une longévité comparable à celle du parti coréen du travail qui règne sur la Corée du Nord avec la famille Kim. Peu de temps avant sa mort, l'homme politique de premier plan exprimait son désarroi et son amertume devant ce qu'il appelait : « la trahison des élites africaines et la perversion du pluralisme démocratique par ces mêmes élites ». Ambroise Édouard Noumazalay exprimait sa tristesse dans un entretien que le professeur Charles Zacharie Bowao rapporte dans son livre cité plus haut pp.20-21. Il implorait les intellectuels africains de se saisir du problème. Ambroise Édouard Noumazalay s'adressait à Charles Zacharie Bowao en une sorte de testament politique puisque le « Vieux Noumaz » comme on l'appelait affectueusement, s'était éteint, le jeudi 13 septembre 2007, deux mois seulement après cet intéressant échange :

« Charles, tu dois travailler avec les autres cadres pour expliquer les raisons de l'échec de la révolution[9]

[9] Il s'agit de la révolution congolaise qui a renversé l'abbé Fulbert Youlou les 13-14-15 août 1963. Cette révolution marxisante est connue

et les causes du dévoiement de la démocratie pluraliste. Personnellement, je pense que le tribalisme ou l'ethnicisme est pour beaucoup dans ces déviances historiques. Que pouvons-nous faire pour sortir notre pays de cette gangrène qui obstrue dangereusement l'avenir ? Je ne comprends pas pourquoi les gens n'aiment pas le changement dans l'intérêt général. Il y a trop d'intérêts égoïstes, trop de mesquineries politiciennes qui justifient l'hypocrisie des uns et des autres. On tourne en rond. On rate toutes les belles occasions de changer la vie de nos populations alors que nous en avons les atouts naturels et les moyens financiers, surtout maintenant… Est-ce que toute une ethnie peut être tribaliste ? Comment tout un pays peut-il se mouvoir au rythme du tribalisme et des tribalistes fieffés ? Vous… Les intellectuels ! Ne baissez pas les bras… Ne fuyez pas vos responsabilités en reproduisant à l'identique nos erreurs théoriques et nos comportements négatifs… Vous devez tracer les nouvelles frontières d'une véritable refondation politique, c'est votre mission historique de combattre systématiquement l'ethnocentrisme » !

---

sous le nom des Trois Glorieuses. Le socialisme scientifique n'a, en effet, atteint aucun de ses objectifs. Il n'a pas apporté le bien-être au peuple congolais comme il n'a pas établi de justice sociale. Il a échoué à fédérer le peuple congolais en une seule nation.

Ainsi parlait, sans langue de bois, un homme politique congolais de premier plan, au soir de sa vie. Lucide et critique sur les errements qui furent les siennes et celles de toute sa génération. S'étendant bien au-delà des seules frontières du Congo, Ambroise Edouard Noumazalay s'adressait à toute l'intelligentsia africaine. Nous craignons que cet homme sage, qui sait de quoi il parle ayant été au cœur du système n'ait pas été entendu. La dérive monarchique, cette conception royaliste de la république si bien répandue parmi les autocrates africains relève de ce « dévoiement de la démocratie pluraliste » que dénonce, on ne peut plus clairement, l'ancien Premier ministre d'Alphonse Massamba-Débat. Elle découle du refus du « changement dans l'intérêt général » alimenté par « trop d'intérêts égoïstes et trop de mesquineries politiciennes ». Prenant les mêmes pour se perpétuer au pouvoir dans des successions dynastiques : « on tourne en rond », on reproduit, inévitablement, « les mêmes comportements négatifs », issus d'analyses théoriques erronées. L'ethnopartisme, nous l'avons vu dans le cas du Congo-ex-belge dans les années 60, lorsque des partis politiques fondés sur l'appartenance ethnique se disputait le pouvoir, plus près de nous dans le temps, on voit le FLPT (Front de libération du peuple du Tigré) livre une guerre sanglante au gouvernement central éthiopien sur fond de rivalité ethnique, le parti politique épousant les contours d'une ethnie est incontestablement un de ces comportements négatifs dont parle Ambroise Édouard Noumazalay.

La lettre, pleine d'anxiété, que le président Alphonse Massamba-Débat[10] adressa au lieutenant Ange Diawara en 1968 pour annoncer qu'il avait remis sa démission à l'armée et lui demander de veiller et d'aider Marien Ngouabi qu'il espère voir lui succéder était prémonitoire pour ne pas dire prophétique avec le recul. Tout le monde connaît la suite tragique de cette histoire qui a mal fini, et pour lui et pour Marien Ngouabi et pour Ange Diawara :

« Ce garçon », écrit le président démissionnaire « est plein de bonne volonté mais qui risque, si vous le laissez seul, de se faire déborder par ceux qui l'entourent, plus malins et plus ambitieux. Ces derniers feront tout pour l'enfoncer puis le laisser seul un jour à trinquer. Il faut qu'il soit vigilant, qu'on ne lui fasse pas commettre n'importe qui ; qu'il surveille la radio lui-même, aux nouvelles nationales. Il faut

---

[10] Président de la République du Congo de 1963 à 1968. Accusé à tort, puisqu'il a été réhabilité en 1991, d'être le commanditaire de l'assassinat du président Marien Ngouabi le 18 mars 1977, Alphonse Massamba-Débat est arrêté le 25 mars, torturé, jugé par un tribunal militaire secret et exécuté le 25 mars 1977. Son cadavre n'a, semble-t-il, jamais été restitué à sa famille et son lieu de sépulture est inconnu. Tragique destin.

surtout qu'il sache qu'à côté de lui, il y a des rusés politiciens qui veulent se servir de lui, et quelques officiers qu'il croit être ses amis le jetteront dans la pire des situations s'il ne prend pas garde. C'est votre devoir d'aider ce frère, je vous le demande. Fraternellement, Alphonse Massamba-Débat. »

« Tu es pierre et sur cette pierre je bâtirai mon église » aurait dit Jésus[11] à l'un de ses disciples. Les chefs d'État africains, parodiant les paroles de l'évangile, disent, s'adressant à leur ethnie : Gbaya, Baoulé, Fang, Sérère, Bambara, Bamiléké, M'bochi, Baluba, Kamba, Zoulou, Sara, Oromo, Kamba Tedda, peu importe : « Tribu, tu es ma tribu et sur toi je bâtirai mon pouvoir et mon royaume ! » de là découlent toutes les dérives qui motivent notre démarche dans le présent ouvrage. Force est donc de constater qu'un grand nombre de politiques et de dirigeants africains, devenus des profiteurs, nous dirons des sangsues de la République, ne veulent pas que les choses changent. Ils perdraient trop dans le processus. Ce qu'ils cherchent à faire, en réalité, c'est établir un roulement souvent ethnorégional au sommet de l'État.

---

[11] Cette référence est purement rhétorique de notre part. Voir une quelconque profession de foi religieuse dans cette citation tirée de l'évangile de Matthieu : Ch.16 verset 13-23 n'engagerait que la personne qui tirerait une telle conclusion.

Pendant que nous rassemblions des documents et recherchions des informations en vue de la rédaction du présent essai, un de nos amis, citoyen du Tchad, nous a remis les informations qui vont suivre et qui confortent notre démarche. Nous vous les livrons :

« Voici une liste des promus à des grades supérieurs dans le corps de la police. Cette liste ne comporte que des membres de l'ethnie Zakawa[12]. Hier, ils (les Zakawas) avaient été massivement nommés à des postes de gouverneurs de certaines provinces du Tchad. Aujourd'hui, c'est au sein de la police qu'on le promeut, non sur la base de leurs mérites, mais en raison de leur appartenance ethnique. Nous faisons grâce à nos lecteurs de la longue, très longue liste des noms, 4 pages en français et en arabe de ces heureux élus. Nous nous contenterons de présenter le décret de nomination en date du 29 juin 2021… »

Maintenant passons en revue les postes clés aux mains des membres du clan Zakawa. Cette liste nous a été transmise par l'un de nos correspondants tchadiens.

- Le président du CMT (comité militaire de transition) ;

---

[12] Parfois orthographié Zaghawa, il s'agit de la tribu dont Idriss Déby Itno fut sultan pendant 9 ans avant de passer la fonction à l'un de ses neveux. Voir plus haut dans cet ouvrage.

- 8 membres sur 15 ;

- 20 conseillers à la présidence ;

- Le ministre de la Santé ;

- Le ministre de la Sécurité ;

- Le ministre de l'Administration du Territoire ;

- Le ministre des Télécommunications ;

- Le ministre SGG ;

- Le ministre de l'Aviation ;

- 80 % des directeurs généraux et financiers de tous les ministères ;

- Le contrôleur financier ;

- Le chef d'État-major général des armées ;

- Tous les commandants de zones ;

- Tous les chefs dans la direction générale des services de sécurité intérieure de l'État extérieure ainsi que les conseillers ;

- Le directeur général de la garde nationale et nomade du Tchad ;

- Le directeur général de la police nationale ;

- Le directeur général de l'Agence Nationale de la Sécurité (organe politique) ;

- Le directeur général de la gendarmerie nationale comme les chefs de la gendarmerie dans toutes les régions du pays ;

- Le directeur général de la Douane ;

- Le directeur général de l'autorité de régulation des communications électroniques ;

- Le directeur général des ciments du Tchad ;

- Les directeurs généraux de plusieurs banques ;

- Le directeur général du patrimoine culturel immatériel ;

- Les gouverneurs des régions : du Borkou, du Kanem, de Mandoul, de Silla, du Wadi-Fira, d'Amjarass, du Barh-El Gazel.

- Les préfets, etc. Nous en avons omis et pas des moindres. Les rouages des grands marchés.

Écoutons maintenant la douloureuse interrogation de notre interlocuteur Brahim Oguelemi :

« Le Tchad compte plus de 300 ethnies, pourquoi est-ce toujours la même ethnie qui se taille la part du lion dans toutes les institutions de l'État ? Les Toubous ne sont-ils pas des Tchadiens ? Les Saras ne sont-ils pas des Tchadiens ? Les Ngambayes ne sont-ils pas des Tchadiens ? Les Arabes ne sont-ils pas des Tchadiens ? Les Hadjaraïs ne sont-ils pas des Tchadiens ? Les Ouddaïens ne sont-ils pas des Tchadiens ? Les Mimis, les Bilalas, les Moundangs et les autres, tous les autres ne sont-ils pas tous des Tchadiens ? »

Ce genre de promotions à base ethnique dans le corps de la police obéit à un impératif : celui de réprimer dans le sang, les manifestations si elles venaient à se produire, au nom de la conservation du pouvoir clanique et monarchique. Voilà qui est dit. Ainsi donc ceux qui ont pris la place de feu Idris Déby Itno pour diriger la République du Tchad restent sur la droite ligne de sa politique de pouvoir familial, comme un parfum de famille royale. Nous n'en voulons pour preuve que la liste qui va suivre et que nous reprenons en entier, cette fois. Elle nous vient aussi du Tchad, mais elle circule aussi sur les réseaux sociaux. Cette liste est on ne peut plus édifiante :

« La liste de la honte qui prouve que notre pays (le Tchad) est pris en otage par une mafia tribalo-familiale. »

Le président de la République Idriss Déby Itno, bientôt monarque, décrète :

- Secrétaire particulière à la présidence : Hinda Déby Itno, son épouse, donc la première dame du Tchad ;
- Fournisseur à la présidence : Amira Idriss Déby Itno (fille) ;
- Conseiller technique aux affaires financières et budgétaires à la présidence : Zara, Brahim Mahamat Itno (nièce) ;
- Directeur de la DGSSIE (la vraie armée tchadienne) : général Mahamat Déby Itno : le fils qui est désormais président de la République de transition ;

- Aide de camp principal : général Khoudar Acyl surnommé « Khoudar Itno » (beau-frère) ;

- Chef d'État-major général de l'armée : Général Abakar Abdelkarim « Kerenkeyno » (proche parent) ;

- Directeur des Renseignements : général Tahir Erda (proche parent et frère du beau-fils) ;

- Directeur général de la Réserve stratégique : général Oumar Déby Itno (petit frère) ;

- Directeur général de la police : général Ahmat Youssouf Mahamat Itno (neveu) ;

- Coordonnateur de la force mixte Tchad-Soudan : général Ousmane Bahar Mahamat Itno (neveu) ;

- Directeur du cabinet civil adjoint : général Abdelkarim Déby Itno (fils, 29 ans) ;

- Ambassadeur du Tchad aux Émirats arabes unis : colonel Zakaria Déby Itno (fils) ;

- Ambassadeur du Tchad en Afrique du Sud : Sagour Youssouf Mahamat Itno (neveu) ;

- Ambassadeur du Tchad en Arabie Saoudite : Zakaria Fadoul Kittir Junior (beau-fils) ;

- Directeur de la cimenterie de Baouré : Hamat Issaka Diar (neveu) ;

- Directrice générale adjointe de la raffinerie de N'Djamena : Fatimé Déby Itno (fille) ;

- Directeur général des douanes : général Abdelkerim Charfadine (neveu) ;

- Ministre des Postes et des Nouvelles Technologies : Dr Bachar Saleh Bachar (proche parent) ;

- Ministre de la Défense : général Mahamat Abali Salah (gendre, mari de la fille de Hissein Mahamat Itno) ;

- Ministre de l'Intérieur et de l'Administration du territoire : général Mahamat Ismaïl Chaibo (proche parent) ;

- Patron de SNER, Daoussa Déby Itno (grand frère : homme le plus riche du Tchad) ;

- Directrice générale de la Société tchadienne des eaux : Koubra Hissein Itno (nièce).

La liste est longue et très éloquente quant à l'appropriation d'un pays par le président et sa famille, véritable famille présidentielle puisqu'elle concentre le pouvoir et tous les leviers de commande du pays entre ses mains. Aussi énorme que cela puisse paraître, cet authentique hold-up familial n'est pas unique ni inhabituel sous le chaud soleil d'Afrique, bien au contraire. Elle semble être la norme. Le tout-puissant José Eduardo Dos Santos qui a présidé aux destinées de l'Angola de 1979 à 2017, n'a pas oublié de convier sa famille à la lucrative et succulente table de la manne pétrolière. Il suffit de chercher pour trouver. Si les Zakawas trustent tous les postes importants au Tchad, en République Démocratique du Congo ce sont les Kasaïens-Lubas qui sont à la fête comme Les Mbochis le sont, juste en face, en République du Congo, et d'autres dans d'autres pays, en attendant, peut-être la prise du pouvoir par un autre clan élu. Dans tel pays, un haut fonctionnaire, droit dans ses bottes, mentionne sur sa carte professionnelle : famille biologique du chef de l'État (sous-entendu du roi), avant d'enfoncer le clou en précisant, pour que les choses soient bien claires, oncle paternel. Dans tel autre pays, c'est le beau-père du président qui se voit attribuer un cabinet à l'égal d'un ministre.

La démocratie au sens de gouvernement du peuple, par le peuple et pour le peuple n'est envisageable en Afrique, à quelques exceptions près, que lorsque les partis politiques cesseront de penser en termes de tribus, de clans, de villages ou de régions pour penser en termes de nations. Cette réflexion s'applique en fait à toute la population, puisque bien trop souvent, le citoyen accepte la gestion désastreuse et calamiteuse de la chose et des deniers publics lorsque cette mauvaise gouvernance, néfaste pour tout le pays, est le fait d'un président bien de chez lui. Aveuglement que Zika Wa Zika nomme : « narcissisme régional » dans son livre *Congo-Brazzaville : Quelle démocratie pour demain ?* Éditions ICES (Paris, 2015) p.34.

Signes extérieurs de royauté

Dire que la majorité des chefs d'État africains vivent dans le luxe, un luxe insolent revient à enfoncer des portes. Il suffit pour se convaincre de la véracité de notre assertion de se reporter sur Google et de taper les palais des chefs d'État africains pour être emportés dans un tourbillon digne des Mille et Une Nuits. Les images de la somptueuse demeure de 3487 m^2 que feu Ben Ali s'était fait construire pour sa jouissance personnelle et celle de sa famille sur un terrain de 13 844 m^2 du côté de El Kantaoui à Sousse.

Gbadolite, le village natal de Mobutu Sessé Séko, pleure encore la splendeur du palais que le maréchal-président avait fait construire dans sa ville sortie de la forêt équatoriale. En faisant de Gdolite une improbable petite ville dans la jungle, Mobutu ne dérogeait pas à la règle générale en Afrique. Grand seigneur, le roi Mobutu faisait, de temps en temps, abattre des bœufs de son troupeau dont il faisait distribuer la viande aux habitants de sa ville. Il avait inventé les « Restos » du cœur à la mode équatoriale. Personne ne devait avoir faim dans la ville de Mobutu. Nous lui savons gré pour cet acte de générosité envers ses concitoyens même si nous avons conscience que cette distribution de victuailles n'était peut-être pas totalement dénuée d'arrière-pensées. Mobutu Sessé Séko était un homme politique.

Nous avons déjà fait part des biens immenses accumulés par Josep Kabila Kabange qui fut du temps de son règne, 2001-2019, le chef d'État le mieux payé du monde.

Son collègue du Congo d'en face n'est pas en reste. Le village d'Oyo sur le bord de la rivière Alima, dans la préfecture du même nom, n'a pas à se plaindre de son illustre fils qui règne sur la destinée du pays. Oyo ne manque de rien.

Notre pensée va ici au président Félix Houphouët-Boigny, le père de la Côte d'Ivoire qui ne se contenta pas d'offrir à son village Yamoussoukro, une immense, inutile et coûteuse basilique Notre-Dame-de-la-Paix, il y fait tracer de vastes boulevards qui jamais ne connurent et peut-être jamais ne connaîtront les embouteillages des grandes villes. Par le fait du prince, « le vieux sage » avait décidé de faire de sa ville la capitale du pays en lieu et place d'Abidjan. Aux dernières nouvelles ni le président ni le gouvernement n'ont encore déménagé.

Il avait mené son pays à la ruine mais son palais à Harare pouvait soutenir la comparaison avec n'importe quel palais présidentiel ou royal. Quand on voit ces magnifiques bâtiments, on comprend les réticences de Robert Mugabé, le vieux président du Zimbabwe à faire place nette après son éviction du pouvoir le 21 novembre 2017. Rappelons pour mémoire qu'il avait accédé à la présidence en 1987. Avant cela, de 1980 à 1987, il était Premier ministre.

Nous nous contenterons des quelques exemples que nous venons de passer en revue. Ce n'est pas par voyeurisme que nous mentionnons le luxe indécent dans lequel vivent les chefs d'État africains, à l'exception notable de Thomas Sankara, et de Nelson Mandela, deux hommes hors normes. Nous attirons l'attention sur ces conditions de vie de rock-stars, parce que ce luxe ostentatoire pleinement assumé participe à l'éclosion de la royauté. C'est un message subliminal à l'intention de la population. Il trouve un écho dans le subconscient africain pour lequel la personne du chef est sacrée. Le chef est situé bien au-dessus des autres hommes. Chef spirituel comme chef temporel on lui attribue parfois des pouvoirs surnaturels, des « superpouvoirs » donc. On le tient en si grand respect comme chez les Bamilékés que c'est lui que l'on sert toujours en premier. Au retour d'une chasse fructueuse, c'est au chef, le *fo*, que doit revenir le gros gibier comme le buffle ou le phacochère. C'est au chef que l'on destine les peaux de félins, les plus belles statues, les tabourets sertis de pièces d'argent, les défenses d'éléphant ou les dents des lions. L'homme africain place donc volontiers le chef bien haut au-dessus de lui.

Au Bénin, par exemple, *Dah* Sagbadjou Glèlè qui vient de succéder à *Dah* Dédjalagni Agoli-Agbo, comme roi d'Abomey, porte un cache-nez quand il sort de son palais. Le roi ne saurait respirer le même air que ses sujets. De son côté, dans la chefferie royale traditionnelle Akyem Abuakwa, le roi ne peut ni transpirer ni exposer son sang en public. Cela ne peut se faire dans la tradition de l'Okyeman [13] . Au Cameroun, le protocole impose de ne s'approcher du Lamido qu'en se prosternant. La richesse et l'extrême

[13] Louis XIV, comme les autres rois de France avaient, eux, obligation de montrer leur mollet à leurs sujets. On le voit sur les peintures montrant les rois en tenue d'apparat. À chaque cour ses bizarreries. L'Okyehene actuel : Osagyefuo Amoatia Ofori Panin a décidé de revisiter certaines traditions et de se débarrasser de celles qu'il juge trop rétrogrades. Il a ainsi fait un test du SIDA, devant ses sujets comme il a pris part à un marathon, sous le soleil.

luxe créent une barrière difficilement franchissable pour le petit peuple qui dès lors ne peut que regarder les chefs d'en bas en levant les yeux vers eux.

C'est ainsi que peu à peu s'insinue dans l'esprit des peuples dont on maintient par ailleurs le niveau s'éducation très bas en ayant sabordé et consciencieusement délabré tout le système éducatif du pays, que le chef est vraiment à part. On le craint tout autant qu'on le vénère. Il est entouré de légendes qui laissent plus ou moins entendre qu'il des pouvoirs… occultes. Le continent africain n'a pas l'exclusivité de ces manipulations mentales de masse qui ne disent pas leur nom. La Corée du Nord en est l'exemple le plus abouti. La famille Kim a fait main basse sur le pays. La dynastie des Kim, car c'est bien d'une dynastie qu'il s'agit, règne sur le pays de père en fils depuis le fondateur Kim Il-Sung, initiateur de la lignée, dans les années 1950 jusqu'à son petit-fils Kim Jong-Un, bientôt peut-être remplacé par sa version féminine, encore plus virulente, Kim Yo-Jong, la petite sœur, en passant par Kim Jong-Il. Les Kim, qui se déclinent à l'infini, ont acquis un statut plus élevé que celui de roi puisqu'ils sont divinisés comme l'étaient les empereurs romains dans l'Antiquité. On leur voue un culte. Ce qui rehausse leur prestige, contribue à les rendre irremplaçables et conditionne le peuple pour gober n'importe quoi sans rechigner, comme de vivre dans la plus grande prison à ciel ouvert de la planète. Toutes sortes de légendes plus invraisemblables les unes que les autres entourent la naissance de Kim Jong-Un et ses talents qui lui donnent de quasi super pouvoirs auxquels les Nord-Coréens croient ou sont forcés de croire ! Le même mécanisme psychologique est en action dans les pays d'Afrique. Les mêmes causes produisant les mêmes effets néfastes ici comme ailleurs : politiques, économiques et psychologiques. Ils légitiment le chef dans tous ses délires. Kim Jong-Un vient d'interdire le port du jeans qu'il juge décadent et les Nord-Coréens ont le cœur brisé de le voir si amaigri. Il a perdu 20 kilos.

Culte de la personnalité

Adolf Hitler, en son temps, Staline, Mao Ze Dong, Mouammar Kadhafi ou plus près de nous Kim Jong Un, poursuivant la tradition familiale, sont des noms qui viennent spontanément à l'esprit dès que l'on prononce l'expression culte de la personnalité, cette adulation, proche de l'adoration d'un chef d'État. Dans la course éperdue vers la transformation de leur statut de président de la République en rois, un grand nombre de chefs d'État africains poussent, encouragent organisent eux-mêmes leur culte. Il est pour ainsi dire impossible d'échapper à l'œil du président à travers la présence entêtante de son effigie que l'on expose partout, transformant le pays en un immense panneau publicitaire à la gloire du chef. Elle trône dans les aéroports, les ports, les gares, comme pour signifier que le pays est pris dans un étau. Aucun commerce, si petit soit-il, aucun magasin ne peut se dispenser d'accrocher, le portrait du chef de l'État, de façon bien visible dans l'établissement. On le trouve jusque dans la pénombre enfumée de boîtes de nuit. Les citoyens, hommes comme femmes portent le président sur eux imprimé sur les pagnes ou le tissu des chemises. Toutes les occasions sont bonnes pour imprimer de nouveaux pagnes, que l'on vendra ou que l'on distribuera aux associations de femmes militantes du parti. Les bulletins d'informations de la télévision publique comme les chaînes de radios d'État, les seules qui soient autorisées, tournent autour des activités du chef dont on chante les louanges à longueur d'antenne sur un ton désespérément monocorde. Au Zaïre du président Mobutu, les émissions commençaient toujours par une citation du chef, un peu comme, de son côté, la Chine distillait la pensée du Grand Timonier à coups de petits livres rouges.

Comme si cela ne suffisait pas à l'endoctrinement et à la manipulation mentale de la population, des artistes, à la solde, glissaient, sans réel besoin le nom du président, de l'un ou l'autre cacique dans ses chansons. Comme dans l'univers oppressant d'Océania dans le roman de Georges Orwell, le citoyen ne peut pas échapper au chef de l'État. À notre connaissance, un seul président, d'un État d'Afrique francophone, a demandé qu'il n'y ait aucun culte autour de lui : « Je ne suis qu'un homme ».

Glissement sémantique : usurpation.

Au Ghana, un authentique prince *Nana*[14] Akufo Addo sert fidèlement la République, de nombreux présidents africains font le chemin inverse, celui qui mène de la République à la monarchie. Toute la famille du président est ainsi, insidieusement, anoblie, mais osons le néologisme : aristocratisée ! La famille du président est désormais la « famille présidentielle » en lieu et place de « famille du président ». Ce glissement sémantique se calquant sur : « famille royale » n'est pas fortuit. Il vise à créer une confusion dans l'esprit des citoyens. Nous estimons que dire « famille présidentielle » est pour le moins abusif. En effet, alors que toute la famille d'un roi ou d'une reine, comme c'est le cas pour la reine Élisabeth d'Angleterre peut, légitimement et en toute légalité constitutionnelle être qualifiée de « royale », la famille d'un président, seul membre élu, qui plus est, élu à titre personnel, pour un mandat, théoriquement limité dans le temps, ne peut, en aucun cas, selon nous être qualifiée de présidentielle ! Ce n'est pas toute la famille qui devient « présidente » avec l'élection de l'un de ses membres à la tête d'un État. Pour nous, dire : « famille présidentielle » est

[14] *Nana* est un titre princier. Le président Akufo Addo appartient à la famille de l'actuel *Okyehene* (roi) de l'Akyem Abuakwa, Osagyefuo Amoatia Ofori Panin.

une réelle usurpation de titre. C'est une malhonnêteté intellectuelle.

De cette logique familiale, bien ancrée dans la pensée et la culture africaines [15], volontairement détournée, découlent des fonctions surréalistes mentionnées sur les cartes d'identité des membres de la famille du président de la République ou de celle du Premier ministre. On n'a pas osé étendre ou pas encore pensé à étendre ces privilèges aux membres des familles des ministres, président, vice-présidents du Sénat et de la chambre des députés. Nous ne doutons pas que ce n'est qu'une question de temps. Dans la rubrique : « profession » de certaines cartes d'identité ou de passeports, forcément, diplomatiques : « Fils, fille, neveu, oncle ou cousin du président de la République ou du Premier ministre, le cas échéant ». Signalons, au passage, que les cartes d'identité et les passeports des ministres portent aussi la mention : ministre dans la rubrique : « profession ». Il est vrai que, dans certains pays, certaines de ces excellences affichent une longévité remarquable, non seulement au gouvernement mais dans leur département ministériel. Ce sont les grands féodaux modernes. Les remaniements passent, ils

---

[15] Nous traitons de cette question dans notre essai déjà cité *Les fondements de la pensée africaine : causes du sous-développement*, Éditions Saint-Honoré, Paris, mars 2020.

gardent le même poste. C'est leur fief ! Oui, ce sont des ministres professionnels !

Il nous plairait beaucoup de connaître les références de l'institut de formation ou celles des grandes écoles qui instruisent, forment, préparent et délivrent les diplômes qui attestent de la qualification et de la compétence nécessaires pour exercer le prestigieux et très lucratif métier de : « Fils, fille neveu, etc. » de président de la République de Premier ministre ou encore de ministre ! Loin des considérations sémantiques et des interrogations qui sont les nôtres, les membres de la famille du président, se comportent comme des princes et des princesses. Ils incarnent aux yeux du peuple et jouissent du prestige et du pouvoir, souvent répressif et dictatorial, de leur parent, chef de l'État. Avec lui, ils ou elles partagent la gloire et la puissance. Il n'est pas rare que ces « princes et princesses » mettent leur grain de sel dans les affaires et même la conduite de l'État alors qu'ils ou qu'elles n'ont aucun mandat pour le faire. Ces fils et filles à papa qui n'ont eu qu'à se donner la peine de naître, même comme conséquences d'un adultère, savent qu'ils sont intouchables et au-dessus des lois, comme ils ou elles sont au-dessus des membres du gouvernement. Ils ou elles, nous l'avons dit, appartiennent à la famille « présidentielle » ! Ils jouissent d'une immunité totale quoi qu'ils fassent. Ni la police, ni la gendarmerie, ni les autorités judiciaires n'ont de pouvoir sur eux. *Noli me tangere Caesaris sum* ! « Ne me touche pas, j'appartiens à César » pouvait-on lire sur les colliers des cerfs blancs découverts 300 ans après la mort de César, comme le rapporte Solinus 3e siècle avant notre ère. Aujourd'hui les fils et filles des dignitaires dans les Républiques bananières d'aujourd'hui portent la marque de leur intouchabilité totale, pas celle de la caste maudite des parias de l'Inde, non, nous parlons ici de l'intouchabilité des princes et princesses, inscrite sur leurs documents d'identité.

Pour bien faire entrer son statut royal dans les têtes et pour s'en imprégner lui-même, le chef, comme le faisait Mobutu Sessé Seko, arbore une tenue qui rappelle le chef traditionnel. Il s'octroie un totem. Pour Mobutu c'était, tout le monde s'en souvient, une calotte en peau de léopard[16], animal dont il avait fait son totem, vissé sur la tête. Lorsque le président-roi daigne se montrer en public, il prend soin d'avoir à la main un bâton suggérant un sceptre, attribut du pouvoir du chef coutumier africain. Le bâton, souvent sculpté et orné de nombreux symboles, suggère l'initiation du président, qui lui permet de

[16] Le léopard est choisi comme totem par plusieurs familles royales traditionnelles. C'est le cas des Rois d'Abomey au Bénin. Chez les *Bamilékés* du Cameroun, la peau de panthère est symbole de ruse.

communiquer avec les esprits des ancêtres, ce que seuls les rois et chefs coutumiers ont le pouvoir de faire. Et le tour est joué.

Le comportement du chef participe de cette ambiguïté et vise délibérément à créer un amalgame dans les esprits par un dévoiement des pratiques traditionnelles. Dans certains pays, il n'est pas rare de voir un chef d'État, prenant un « bain » au milieu d'une foule en délire, qui l'acclament en l'appelant : « papa » souvent, dit-on, des gens choisis et payés pour ce faire, jeter des paquets de billets de banque en l'air que le chaland ramasse avidement, ravi de l'aubaine. Personne ne se pose la question de la provenance de tout cet argent que l'on jette par les fenêtres ! Louis XIV, le Roi Soleil affirmait : « L'État c'est moi ! » en sa qualité de monarque de droit divin, les chefs d'État africains, peut-être pas tous, il est vrai doivent se dire en leur for intérieur : « L'État c'est moi, et l'argent de l'État, c'est mon argent, en ma qualité de président-roi de droit coutumier ». De toutes les façons, personne pas même la Cour des comptes, ne lui demandera des comptes ! Nous ne faisons qu'enfoncer des portes grandes ouvertes lorsque nous écrivons ici que dans certains pays, les produits des ventes de certaines ressources du pays ne voient jamais les caisses du trésor public. Ils sont siphonnés, sans modération, et rejoignent, directement, les comptes privés appartenant à la famille « royale », à ses proches ou aux caciques du régime disséminés un peu partout dans le monde. Personne ne songe, sérieusement à investir les ressources ainsi pompées dans le pays. Et tant pis si le pays, potentiellement riche, reste désespérément pauvre et en manque de tout !

Transformation du pays en domaine privé familial

Au Royaume-Uni, les cygnes, les canards, les poules d'eau, tous les volatiles et toute la faune sauvage qui s'ébattent, librement, sur les plans d'eau des parcs et jardins publics de Londres tels que : le célèbre *Hyde Park, Green Park, St James's Park, Richmond Park, Regent's Park,* ou encore *Kensington Gardens* remplis des souvenirs de la princesse Diana, en fait, tous les animaux des jardins, rivières et autres lieux, à travers tout le royaume sont propriétés de la reine. Propriétés, symboliques et virtuelles, il est vrai, mais légales et constitutionnelles. Ainsi donc, au Royaume-Uni, le roi ou la reine n'est pas propriétaire des éléments que nous avons mentionnés à titre personnel. Il ou elle ne détient ce droit de propriété qu'en tant qu'incarnation du pays, ce qui signifie que le roi ou la reine est propriétaire des cygnes des canards et des écureuils des jardins publics, des grenouilles et éventuels ragondins ou des castors des rivières au nom de l'État et donc de la communauté nationale.

Ce type de propriété rejoint une caractéristique de la culture et des traditions africaines. Dans le droit coutumier africain, comme chez les aborigènes d'Australie et chez d'autres peuples restés proches de leurs traditions, nul ne peut posséder ou avoir des droits sur la terre à titre individuel. C'est ainsi qu'en Afrique, le chef de terre, chef de village, chef coutumier ne contrôle la terre qu'en apparence. Comme le roi ou la reine du Royaume-Uni, il n'est que le délégué, pour ainsi dire, du vrai titulaire des droits à savoir la communauté tout entière en ce sens qu'elle rassemble les vivants comme les morts. Prenant l'exemple des seuls peuples *Bantous*[17] on constate que chez eux, la propriété de la terre n'implique pas un droit à la propriété individuelle. Il s'agit, en réalité, d'une propriété ou d'un droit « individualisé » c'est-à-dire incarné dans un individu qui l'exerce au nom et pour le bien de la communauté. Personne ne nous contredira si nous affirmons que nous avons-là la présentation et la description authentiques du pouvoir démocratique au sens le plus moderne du terme. Le chef, incarnation du pouvoir de l'État, exerce ce pouvoir au nom de la

[17] Bantous veut dire : les hommes, les humains.

communauté et pour le bien de la communauté. Comme le disent les Bamilékés, le chef, le *fo* c'est-à-dire le roi ou le chef supérieur, le cas échéant, est le maître de la terre à condition de préserver le droit pour tous d'en user.

Nous déplorons donc le détournement de cette caractéristique de la coutume africaine qui, en fin de compte, rejoint l'universel, par des chefs qui ont confisqué ou confisquent le pouvoir à leur seul profit ou au profit exclusif de leur tribu. Encore un effet néfaste du tribalisme et du pouvoir ethnocentré, détournement de la tradition dont pourtant on ne cesse de se réclamer au nom de l'authenticité ! Nous l'avons vu dans l'évocation des dimensions exorbitantes de la propriété que Joseph Kabila s'est taillée : 73 000 hectares pour lui tout seul, alors que la propriété moyenne est de 1,5 hectare dans le vaste pays !

Constitution d'une aristocratie dans le sillage du président-roi

L'une des caractéristiques des sociétés dans les pays pauvres, c'est le fossé ou plutôt l'abîme qui sépare ceux qui possèdent. Ils sont extrêmement riches et ceux qui ne possèdent rien et qui sont extrêmement pauvres. La cassure est nette. C'est un gouffre vertigineux, plus profond que la fosse des Mariannes, *Mariana Trench* qui s'étend entre le pays d'en haut et le pays d'en bas. Les habitants des deux moitiés du pays ne vivent pas dans le même monde. Un monde de délices, un jardin d'Eden pour les uns, la géhenne pour les autres. Les uns habitent des palais dignes des stars de Hollywood et se vautrent dans le luxe tandis que les seconds survivent dans des conditions dont même les porcs ne voudraient pas s'ils en avaient le choix.

Une étude de Martha Schoch, consultante à la Banque Mondiale, Christoph Lakner, économiste :

groupe de gestion des données sur le développement à la Banque mondiale et Melina Fleury, productrice de sites web, publiée le 20 octobre 2020, aboutit à la conclusion que : « Dans les 10 prochaines années, l'extrême pauvreté concernera essentiellement l'Afrique ». Triste perspective, pour le pays d'en bas, tout le monde l'aura compris sans peine. L'étude poursuit :

« Alors que le nombre de pauvres a décliné dans de nombreuses régions dont, notamment l'Asie de l'Est-Pacifique, et plus récemment, l'Asie du Sud, les chiffres ne rendent pas compte des mêmes tendances en Afrique subsaharienne où le taux de pauvreté régional restait supérieur à 40 % en 2017. En dépit d'une légère baisse de pauvreté dans la région, le nombre d'habitants vivant dans l'extrême pauvreté a, au contraire, augmenté pour passer de 416 en 2015 à 431 millions en 2017. Résultat, l'Afrique Subsaharienne concentre 60 % de la population pauvre mondiale. » Triste record, record peu enviable convenons-en ! Comptant 51 pays, la population de l'Afrique subsaharienne totalise 1,1 milliard d'habitants sur le 1,2 milliard d'habitants pour l'ensemble du continent. Les démographes estiment que cette population atteindra 2,5 milliards vers 2050. Elle pourrait même atteindre 4,4 milliards d'habitants. Combien de pauvres en perspective ? De l'an 2000 à 2017, la population africaine a augmenté de 58 % tandis que dans le reste du monde cette même augmentation n'était que de 19 %. Son poids dans la population mondiale est donc passé de 11 % à 14 %. Nous n'avons pas pu nous empêcher de faire cette digression démographique que nous avons analysée dans notre livre Les fondements de la pensée africaine : causes du sous-développement à propos d'une polémique, provoquée par une intervention du président Emmanuel Macron[18]. Reprenons le cours de notre analyse.

En intitulant ce chapitre : constitution d'une aristocratie dans le sillage du président roi, nous voulions attirer l'attention sur le fait qu'en Afrique, plus que partout ailleurs dans le monde, le seul et unique ascenseur social c'est la proximité avec le pouvoir qui de son côté fait le maximum pour ruiner toute tentative d'émancipation économique et de réussite dans le secteur privé. Paul Obambi, président de Chambre consulaire de Brazzaville se plaint, en ces termes, des difficultés auxquelles sont confrontés les acteurs du secteur privé dans leurs activités :

- Le secteur privé s'écroule sous le harcèlement administratif. Il y a trop d'impôts, trop de taxes, et à peine une petite boutique ouverte, c'est toute

---

[18] 8 juillet 2017, sommet du G20, Hambourg. Emmanuel Macron voit le taux de natalité en Afrique : 7 à 8 enfants par femme, comme un frein au développement.

l'administration congolaise qui est présente dans la boutique. Quelquefois, ils sont plus nombreux que les clients.

Le rédacteur de cette réflexion a pu, lui-même, vérifier la véracité de l'affirmation de Paul Obambi. Il y a fort à parier que ce harcèlement décourageant n'existe pas qu'au Congo-Brazzaville. La pauvreté écrivions-nous par ailleurs est voulue et organiser par les pouvoirs publics comme moyen de maintenir la population sous leur domination. Ils freinent le décollage économique du pays tout en promettant une émergence rapide dans les campagnes électorales. La fréquentation des pays du bloc communiste a laissé des traces profondes en matière d'économie dirigée. On voit des États se réserver le monopole de la commercialisation de certains biens tels que : l'eau, l'électricité, les hydrocarbures, secteur du logement, pompes funèbres, etc. à travers de grandes régies à la tête desquelles on trouve les membres de la famille du président-roi, ou des personnes issues du cercle rapproché. Nous en avons eu un aperçu avec le cas concret du Tchad. Ayant sapé tout système de transport public, comme il a méticuleusement sabordé, tout le système éducatif et les offres de soins, l'État laisse ses serviteurs, ministres, hauts fonctionnaires, ou membres importants du parti s'en emparer augmentant substantiellement les revenus, déjà conséquents de la Nomenklatura. La nouvelle noblesse qui se crée autour du président-roi. La notion de conflit d'intérêts reste inconnue sous les tropiques. On peut être ministre, député, sénateur, directeur général d'une grande administration et propriétaire de plusieurs hôtels, de bars, de boutiques, de minibus, d'une école privée, de cliniques de boîtes de nuit nous en passons et de meilleur quelquefois par prête-nom interposé. Pour que les affaires de ces messieurs marchent bien, il faut, par tous les moyens que procure le pouvoir de l'État, étouffer la concurrence.

C'est ainsi que de nombreuses boutiques appartenant aux citoyens qui ne connaissent pas la bonne personne, placée au bon endroit, subissent régulièrement des pénuries, stratégiques, ou voient, subitement, le prix des denrées qu'elles commercialisent augmenter chez leur fournisseur. Les coupures d'électricité aussi fréquentes et intempestives que les coupures de l'alimentation en eau, souvent impropre à la consommation, rendent quasi impossible la conservation des denrées périssables, de garder un minimum de fraîcheur au poisson sur l'étal, couvert de grosses mouches vertes. Fort de ce constat facile à faire dans n'importe quel pays d'Afrique on en vient à la conclusion, somme toute logique, que les autorités africaines font tout ce qu'elles peuvent pour étouffer l'entrepreneur local ce qui lui permet de faire de fructueuses affaires avec les entreprises multinationales ou des entrepreneurs étrangers auxquels elles monnayent leur protection. C'est ainsi qu'au Congo-Brazzaville tout le commerce, le gros comme le détail, dans tous les domaines, est entre les mains des étrangers : Chinois, Libanais, Pakistanais, Indiens ou Ouest-Africains que les Congolais nomment *Ouarafs*, allez savoir ce que cette appellation implique. On chercherait en vain un petit commerce tenu par un autochtone, en dehors des débits de boissons, de boîtes de nuit, de bars ruisselants de rumbas, de jour comme de nuit.

Comme si cela ne suffisait pas pour ruiner et tuer l'économie du pays, le pouvoir décrète des : « Journées mortes » pour un oui ou pour un non : déplacement ou visite du chef de l'État, Sa Majesté non républicaine, le président de la République qu'il faut toujours accueillir en grande pompe, la circulation ayant, au préalable, été bloquée dans presque toute la ville, occasionnant de gigantesques embouteillages dans une circulation déjà totalement échevelée et chaotique ; la réception d'un homologue étranger, un rassemblement politique, une manifestation sportive, un défilé ou une grande réunion au niveau nationale, tout le pays se fige. La journée morte porte bien son nom puisqu'en effet, tout est suspendu, le temps y compris. Tout dépend du bon vouloir et du bon plaisir de sa « Majesté » le président de la République. Il fait, littéralement, la pluie et le beau temps et se grise de son immense pouvoir.

Nos lecteurs habitués à l'impertinence à l'endroit du chef de l'État, on dit le président Macron, ou plus fréquemment, Macron tout court, on le gifle ; on dit Angela Merkel, etc. auront du mal à imaginer la vénération, voire l'idolâtrie qui entoure les chefs d'État africains qu'on ne peut nommer qu'en précisant : Son Excellence, suivi de son nom, protocole oblige. Détenteur, selon la tradition du pouvoir des ancêtres, nous l'avons déjà mentionné, la personne du chef de l'État est sacrée. Tout le monde a à l'esprit cet accident tragique impliquant un dignitaire zaïrois, donnant comme justification de sa vitesse excessive dans une ville du sud de la France, cause d'un accident ayant entraîné la mort : « On ne fait pas attendre le président Mobutu ». Rappelons pour mémoire que cet homme s'est ensuite livré aux autorités judiciaires françaises, refusant de faire jouer son immunité diplomatique dont acte.

Le président-roi africain est ainsi entouré d'une cour remplie de ministres-courtisans qui obéissent au doigt et à l'œil, non seulement au président-roi mais également à ses enfants, des princes et princesses de sang présidentiel. De cette soumission obséquieuse, dépendent leur longévité au gouvernement, l'épaisseur de leurs comptes en banque, leur bien-être et leur statut de privilégiés.

Personne ne dit le contraire de ce que dit le président comme personne ne se risque à lui donner un conseil de bons sens. De toutes les façons, convaincu de son infaillibilité le président n'écoute personne. Il sait tout en conséquence il a toujours raison.

Parlements croupions en Afrique

Le Parlement britannique qui a siégé du 6 décembre 1648, après le coup de force de Thomas Pride, un proche d'Olivier Cromwell, qui a purgé le *Long Parliament*, au 20 avril 1653 est entré dans l'histoire sous l'appellation peu flatteuse de Parlement Croupion, *Rump Parliament*, ce qui veut dire tronqué ou restant, mais il suffit de tenir une carcasse de poulet, d'en détacher le croupion pour avoir une image plus parlante. Nous avons été amenés à penser cet épisode de l'histoire de l'Angleterre qui a vu Olivier Cromwell imposer un régime dictatorial au pays de la Magna Carta, Charles 1er, perdant la tête par décapitation dans le processus le 30 janvier 1649. Nous n'aurons donc pas usé nos fonds de culotte sur les bancs de l'université à faire des études de Lettres anglaises pour rien. Cette histoire d'un authentique coup d'État militaire est riche d'enseignement pour nous, si on l'applique au contexte africain. Nous allons donc la rapporter un peu plus en détail avant de tirer les leçons pour notre analyse. Encore une fois, il n'y a vraiment rien de nouveau sous le soleil.

Plongeons-nous, allègrement, dans les 50 années tourmentées de l'histoire anglaise, du moins en partie. Dans les esprits, le mot révolution évoque, presque automatiquement, la Révolution française de 1789, c'est oublier un peu vite qu'un siècle avant la prise de la Bastille, il y a eu une révolution de l'autre côté du Channel avec fuite et décapitation de roi, instauration d'une pseudo-république, mais commençons par le commencement.

Il est de notoriété publique que depuis le Moyen-Âge, le pouvoir royal est limité par le Parlement en Angleterre. Comme aujourd'hui, sous Boris Johnson, le Parlement du Royaume-Uni se composait de deux assemblées : la Chambre des Lords, comme son nom l'indique et la Chambre des communes où siègent les députés élus. Au XVIIe siècle, à la mort d'Élisabeth 1er le 24 mars 1603, les règnes de Jacques 1er (1603-1625) et Charles 1er (1625-1649) sont marqués par des tensions de plus en grandes tensions qui, finalement, déclenchent une guerre civile et deux Révolutions. Nostalgique du passé, très maladroit en tout cas, Charles 1er se veut régner en monarque absolu. Mal lui en a pris. La bourgeoisie de Londres, comme les puritains ne l'entendent pas de cette oreille et le roi est obligé de s'enfuir, préfigurant une autre fuite qui aura lieu à Varennes un siècle plus tard, le 22 juin 1791. Rattrapé, Charles 1er est emprisonné dans l'île de Wight.

À la fin de la deuxième guerre civile en août 1648, le conseil de l'armée adresse une remontrance au parlement, demandant la déchéance du roi. Le Parlement repousse la remontrance de l'armée par 125 voix contre 58. C'est alors que l'armée fait ce que font toutes les armées, l'armée malienne l'a montré au mois de mai 2021, elle passe au coup de force et s'empare de la personne du roi. Les militaires maliens, sous les ordres du colonel Assimi Goïta, l'homme fort du Mali, avaient « convoqué et retenu » les personnes du président de la République de transition Bah Ndaw et son Premier ministre Moctar Ouane dans leur camp de Kati à quelques kilomètres de Bamako pour les obliger à se démettre de leurs fonctions.

Confortant sa prise de pouvoir, le 6 décembre 1648, Thomas Pride, un proche de Cromwell, occupe les accès du Parlement avec deux régiments pour en interdire l'accès aux membres dont les noms figurent sur sa liste d'indésirables : c'est la purge de Pride. Le 19 mai 1649, les parlementaires, aux ordres d'Olivier Cromwell, proclament la république sous le nom de *Commonwealth.* Le Conseil d'État qui détient le pouvoir exécutif dans la nouvelle institution n'exerce, en réalité, qu'une influence relative tant le poids de l'armée est grand. Proclamé *Lord-protecteur* d'Angleterre, d'Écosse et d'Irlande en 1653, Olivier Cromwell dissout le Parlement par un nouveau coup de force. Le Parlement, aux ordres, n'avait cessé de se déconsidérer, étant plus occupé à défendre ses privilèges qu'à veiller au bien commun. Tronqué et dépouillé de tout pouvoir, le *Rump Parliament* n'était plus qu'une caisse d'enregistrement. Au mois de juin 1653, le *Lord-protecteur* remplace le Parlement qu'il vient de dissoudre par une représentation, the *Barebone Parliament*, le Parlement squelette, selon les historiens, de 140 membres nommés par le Conseil d'État qu'il a sous ses ordres, et instaure un pouvoir dictatorial qui recueille l'adhésion de la bourgeoisie. Elle y trouve son compte puisque Cromwell protège et défend ses intérêts commerciaux.

À la mort du dictateur le 3 septembre 1658, son fils Richard, son troisième fils, né en 1626, premier comte de Holland, dûment désigné par son père, lui succède le 27 janvier 1659 (Eh oui, c'est comme ça, chez les dictateurs !) en tant que *Lord-protecteur* d'Angleterre, d'Écosse et d'Irlande. Mais Richard Cromwell « Junior » « Tumbledown », surnom que lui donnent ses détracteurs et que nous refusons de traduire en français, annonçant le sort du fils de François Duvalier, le Haïtien : « Bébé Doc » trois siècles plus tard, ne reste que quelques mois au pouvoir puisqu'il abdique le 25 mai 1659, ouvrant la voie à une restauration de la monarchie britannique. Convoqué par le général Monck le *Long Parliament* ramène la dynastie des Stuart sur le trône du Royaume-Uni dans la personne de Charles II, fils du roi décapité Charles 1er sur le trône. Pour sa part, dès juillet 1660, Richard Cromwell va inaugurer la longue route de l'exil que continuent de prendre tous les dictateurs déchus : Idi Amin Dada, Ben Ali, Blaise Compaoré, Mobutu, Yaya Jammeh, Pascal Lissouba et avant eux Bébé Doc, Hissène Habré, Napoléon III, le Shah d'Iran et beaucoup d'autres ! Laissons cela aux historiens.

Contentons-nous d'établir des parallèles, certes osés, mais éclairants entre la situation qui prévalait au XVIIe siècle et ce que nous constatons dans plusieurs pays en Afrique, notre centre d'intérêt. Comme au temps de Cromwell, un grand nombre de potentats africains sont arrivés au pouvoir par la force des armes et s'y maintiennent de la même façon. Comme au temps de Cromwell, tous les pouvoirs militaires ont accouché d'une dictature dans laquelle, le Parlement ne contrôle rien. Il est aux mains et aux ordres d'un seul parti, le parti du président qui, comme le fit Cromwell en son temps, en désigne les membres. Nous en avons parlé, les résultats sortis des urnes ne comptent pas. D'un trait de plume ou d'un hochement de tête le président décide et du candidat et de son élection. Les résultats sont donc connus d'avance. Nous avons entendu dire, mais ne nous garantissons rien que dans certains pays, on peut être élu sans s'être présenté devant les électeurs. La parole du chef est parole d'évangile, sa volonté est sinon, volonté de Dieu mais assurément volonté du roi car tel est son bon plaisir.

Dépouillés de tout pouvoir, de toute possibilité d'agir, toute initiative devant recueillir l'aval du monarque, les parlementaires comme les membres du gouvernement en prennent leur partie, et comme le faisaient les membres de la *Rump Parliament*, ils s'agitent pour la galerie mais veillent scrupuleusement à défendre leurs intérêts, leurs privilèges comme ils défendent les intérêts, et les intérêts de leurs familles, de leur tribu, de leur clan, de leur village. Pour les autres, ils promettent monts et merveilles ainsi que des lendemains qui chantent, un sourire cynique sur les lèvres. Et c'est pour cela que dans certains pays d'Afrique centrale, quand on veut dire de quelqu'un que c'est un faux jeton, on dit que cette personne a beaucoup de politique ! Le président Jacques Chirac, un connaisseur de la chose politique disait que : « Les promesses n’engagent que ceux qui y croient ! » Terrible et cynique aveu. Jacques Chirac savait donc pertinemment, quand il parlait dans ses meetings ou quand il prenait des bains de foule, qu’il prenait les gens pour des « zozos ». Il n’est sûrement pas le seul homme politique à agir ainsi. Sur le continent on a beaucoup de « politiques ». Ils avancent « masqués » vers le rétablissement des monarchies. Ils n’ont rien à craindre, les intellectuels et les élites africains regardent ailleurs !

Omniprésence des armées

Dire que le continent africain est certainement le plus pauvre du monde n'est en aucun cas un scoop. Dire que les systèmes de santé, les systèmes d'enseignement sont délabrés et que les infrastructures sont aux abonnés absents c'est enfoncer des portes grandes ouvertes et pourtant, c'est dans les pays Africains que l'on voit les dépenses militaires augmenter le plus, engloutissant une part non négligeable du maigre produit intérieur brut et des dépenses publiques globales. Dans une étude du SIPRI[19] datée de 2017 et rapportée par Moutiou Adjibi Nourou de l'agence Ecofn, on peut lire que : « L'Afrique Subsaharienne se situait au 3e rang du classement des régions ayant la plus grande charge militaire par rapport au PIB, avec une part de

[19] *Stockholm International Peace Research Institute.* Organisme international indépendant fondé le 6 mai 1966 et basé à Stockholm, le SIPRI fournit des données, des analyses et fait des recommandations lors des conflits armés. Le SIPRI analyse les dépenses militaires, le commerce des armes ainsi que le désarmement et le contrôle des armes.

1,7 %, contre 3,6 % pour l'Afrique du Nord et 5,2 % pour le Moyen-Orient ». Le rapport précise que les charges militaires représentent désormais 6,9 % des dépenses publiques des pays de la région. Les experts disent qu'en termes réels, les dépenses militaires des pays d'Afrique ont triplé entre 1997 et 2014 atteignant la somme de 22,8 milliards $ en 2014 avant de chuter de 14 % en 2017 pour culminer à 19,6 milliards $.

Si la présence des forces armées se justifie dans les pays d'Afrique où la présence des groupes armés agressifs font régner la terreur et sèment la mort à coups de massacres et de décapitations, pour l'auteur de ces lignes, la présence d'une armée pléthorique se justifie moins, voire ne se justifie pas du tout dans les pays où de telles menaces sont inexistantes. Les ressources englouties, dans une opacité totale, dans les forces armées et de dispendieux programmes, sont autant de moyens qui ne seront pas utilisés pour le développement économique et social du pays ! Les auteurs du rapport sur lequel nous nous appuyons demandent plus de transparence. Nous disons que les forces armées, très visibles et omniprésentes dans certains pays d'Afrique servent les desseins monarchiques et autocratiques du chef. Elles sont là pour inspirer la peur et tenir le peuple en respect.

Conclusion

Nous venons de présenter une image peu réjouissante de l'évolution des institutions démocratiques en Afrique. La tension entre la notion de démocratie au sens occidental du terme, débarquée en Afrique dans les bagages de la colonisation et les tendances monarchistes profondément ancrées dans les esprits et la culture africaine met les chefs des États africains modernes dans une situation inconfortable. Formés et éduqués à l'étranger, nourris au lait de la démocratie occidentale, les dirigeants, comme d'ailleurs toutes les élites africaines, sont, littéralement, assis : « le cul » (que nos lecteurs nous pardonnent ce mot trivial) entre deux chaises. Cette situation inconfortable n'est pas sans conséquence sur le continent qui voit fleurir des régimes autocratiques dirigés par des despotes non éclairés. De tels régimes ne peuvent, hélas, conduire qu'au mal être et à la misère des populations. Au terme de notre analyse, nous souhaitons attirer l'attention sur ces pays d'Afrique qui ont choisi la voie de l'honnêteté pour épouser l'évolution du XXIe siècle. Nos lecteurs tireront les conclusions qui s'imposent. Ils verront, par eux-mêmes, à quels pays notre analyse s'applique.

L'exemple le plus récent, c'est celui du Niger où le président Mahamadou Issoufou, formé à l'école des Mines de Saint-Étienne, promotion 1977-1979, vient, après deux mandats, 2011-2021, de remettre les rênes du pays à Mohamed Bazoum qui a été élu au second tour des élections, assurant au pays deux alternances paisibles à la tête de l'État, en rupture avec l'habitude des « putschs » militaires qui semblaient être la règle depuis 1960. Mahamadou Issoufou avait accédé au pouvoir par la voie des urnes. Rendons hommage au Sénégal, où le président Léopold Sédar Senghor avait, dès le départ, allumé la flamme de la transmission du pouvoir par la voie des élections avec la bénédiction des marabouts et du calife de Touba. Dans notre essai sur *Les fondements de la pensée africaine : causes du sous-développement*, nous avions salué la passation du pouvoir en douceur qui a eu lieu en Mauritanie entre le président sortant Mohamed Ould Abdelaziz et son successeur élu Mohamed Ould Ghazouani. Le Nigéria, accablé par Boko Haram, semble délivré du démon des coups d'État puisque, dorénavant, semble-t-il, les présidents dépendent des résultats des bureaux de vote, comme au Libéria, au Ghana, en Afrique du Sud, et dans les pays d'Afrique anglophone. Après avoir tenté, comme Trump l'a fait, de s'accrocher à son poste malgré une défaite avérée, le Gambien Yahya Jammeh a pris le chemin de l'exil, un exil doré, en Guinée équatoriale. Espérons que débarrassé de la dictature qui l'a saignée à blanc sous la poigne de fer de Yahya Abdul-Aziz Jammeh de 1996 à 2017, la Gambie va se ranger pour de bon dans le club des États vertueux dont le continent africain a besoin pour sortir du sous-développement.

Nous avons tenté de dessiner les contours d'une évolution sournoise de la démocratie en Afrique. Elle s'effrite sous nos yeux pour faire place sinon à des monarchies à visage découvert, du moins à des régimes de plus en plus autocratiques. Il se trouve que si les dictatures sont réelles avec des armées et des polices suréquipées pour terroriser les populations et les tenir en respect, nous nous trouvons devant un réel paradoxe : l'absence d'État dans des États policiers où aucun service public ne marche vraiment. Tout est à l'arrêt ou fonctionne de manière aléatoire parce que les dirigeants et les cadres de ces pays ne se soucient guère du « bien public » et de l'intérêt supérieur de l'État. Ces notions pleines de noblesse et de grandeur, seules et uniques raisons d'être des administrations et des services publics, leur sont totalement étrangères. Ils ne sont là que pour se servir. Ne se préoccupant que de leurs intérêts personnels et des intérêts de leurs tribus, tous ceux qui tiennent les leviers de commande ou qui jouissent de la plus petite autorité, pillent leurs pays sans vergogne et accaparent tout ce qu'ils peuvent accaparer. *Leur devise c'est : Après moi, le déluge. Carpe Diem !* Dans notre essai, déjà cité, *Les fondements de la pensée africaine : causes du sous-développement*, nous pallions cette attitude : « Mentalité de chasseur-cueilleur. »

Table des matières

Imprimé en France
Achevé d'imprimer en janvier 2022
Dépôt légal : janvier 2022
Pour

Le Lys Bleu Éditions
40, rue du Louvre
75001 Paris

www.ingramcontent.com/pod-product-compliance
Lightning Source LLC
LaVergne TN
LVHW050314160826
845677LV00014B/3396

9791037749710